한국어능력시험
TOPIK I
듣기 Listening

다락원

한국어능력시험
TOPIK I 듣기 합격특강
Intensive Course for TOPIK I Success : Listening

지은이 전나영, 손성희
펴낸이 정규도
펴낸곳 (주)다락원

초판 1쇄 발행 2024년 10월 10일

기획 권혁주, 김태광
편집 이후춘, 김효은

디자인 최예원, 김민정

DARAKWON
경기도 파주시 문발로 211
내용문의: (02)736-2031 내선 291~296
구입문의: (02)736-2031 내선 250~252
Fax: (02)732-2037
출판등록 1977년 9월 16일 제406-2008-000007호

Copyright©2024, 전나영, 손성희

저자 및 출판사의 허락 없이 이 책의 일부 또는 전부를 무단 복제·전재·발췌할 수 없습니다. 구입 후 철회는 회사 내규에 부합하는 경우에 가능하므로 구입문의처에 문의하시기 바랍니다. 분실·파손 등에 따른 소비자 피해에 대해서는 공정거래위원회에서 고시한 소비자 분쟁 해결 기준에 따라 보상 가능합니다. 잘못된 책은 바꿔 드립니다.

http://www.darakwon.co.kr

다락원 홈페이지를 방문하시면 상세한 출판 정보와 함께 MP3 자료 등 다양한 어학 정보를 얻으실 수 있습니다.

한국어능력시험
TOPIK I
듣기
Listening

머리말

전 세계적으로 K-컬처의 영향력이 커지면서 한국의 문화나 콘텐츠, 한국어에 대해 관심을 가지는 외국인이 지속적으로 증가하는 추세이다. 이에 따라 외국에서의 한국어 입지도 넓어져 외국 대학에서 한국어과를 개설하거나 한국어를 대입 시험과목으로 채택하는 국가가 많아지고 있다. 또한 한국 대학에서 공부하거나 한국 기업에 취업하고 싶어 하는 외국인의 수요도 늘어가고 있다.

한국어능력시험(TOPIK)은 한국어 사용 능력을 측정·평가할 수 있는 시험으로 한국에서 유학하거나 취업하고자 하는 외국인이라면 이 시험에 응시하여 각 요건을 충족시킬 수 있는 자격을 획득해야 한다. 한국어능력시험의 등급을 인정하는 기관이 많아지면서 응시자도 더욱 많아질 전망이다. 한국어능력시험의 응시자 수요가 많아짐에 따라 시험 시행 횟수가 늘어나고 있으며 시험을 실시하는 해외 지역도 확장되고 있다. 또한 인터넷 기반 시험(IBT)을 도입하여 더 많은 학습자가 시간과 장소의 제한 어려움 없이 응시할 수 있도록 편의를 제공하고 있다.

이에 따라 이 책은 한국어능력시험을 준비하는 학습자를 위해 기획되었다. 한국어능력시험을 준비하면서 가장 중요한 것은 시험 문제의 경향에 대한 파악과 다양한 문제 풀이를 통한 충분한 연습이다. 이 책에서는 학습자가 문제를 풀 때 어떤 점에 중점을 두고 문제를 이해해야 하는지 전략적으로 파악할 수 있도록 제시하였다. 또한 시험 경향에 맞춘 문제를 풀어봄으로써 문제 풀이 능력을 향상시킬 수 있도록 구성하였다.

이 책으로 한국어능력시험을 준비하는 학습자들이 필요한 자격을 얻을 수 있기를 바라며 한국 생활이나 업무 수행에 필요한 언어 기능을 정확하고 유창하게 수행하여 정치, 경제, 사회, 문화 전반에 걸쳐 자유롭게 이해하고 사용할 수 있기를 기대한다.

CHINESE VER.

JAPANESE VER.

VIETNAMESE VER.

Preface

As the influence of K-culture grows worldwide, the number of foreigners interested in Korean culture, content, and language continues to increase. Accordingly, the position of Korean language abroad is also expanding, with many foreign universities establishing Korean language departments or adopting Korean as a college entrance exam subject. Furthermore, the demand from foreigners who want to study at Korean universities or work for Korean companies is also increasing.

The Test of Proficiency in Korean (TOPIK) is an examination that measures and evaluates Korean language proficiency. Foreigners who wish to study or work in Korea must take this test and obtain the necessary qualifications to meet the requirements. With more institutions recognizing TOPIK scores, the number of test-takers is expected to increase further. In response to the growing demand, the number of test administrations has increased, and the overseas regions where the test is conducted have expanded. In addition, the Internet-Based Test (IBT) has been introduced to provide more learners with the convenience of taking the test without the limitations of time and place.

Therefore, this book was planned for learners preparing for the TOPIK. The most important thing when preparing for the TOPIK is to understand the trends of the test questions and to practice sufficiently through various problem-solving exercises. This book strategically presents how learners should focus on understanding the questions when solving them. It is also designed to improve problem-solving skills by practicing questions that match the exam trends.

We hope that learners preparing for the TOPIK with this book will be able to obtain the necessary qualifications. We also hope that they will be able to accurately and fluently perform the language functions necessary for life or work in Korea, and freely understand and use the Korean language in all aspects of politics, economy, society, and culture.

이 책의 특징

〈합격특강 한국어능력시험 TOPIK I 듣기〉는 TOPIK I 듣기 30문제를 3개 유형으로 분류하여 유형별로 학습할 수 있도록 정리하였다. 한 문제당 A문제, B문제로 실제 시험과 유사하게 구성하여 총 60개의 지문을 학습할 수 있도록 하였다. 문제마다 〈전략〉을 제시해서 문제를 풀기 위해서 필요한 내용을 실었다. 본문의 내용은 영어로 번역해서 함께 실었고 문제에서 다룬 어휘를 정리하여 영어, 중국어, 일본어, 베트남어로 실었다.

세 가지 유형은 다음과 같이 구분할 수 있다. 유형①은 알맞은 대답을 찾는 문제이다. '네/아니요'에 맞는 대답 찾기, 의문사를 활용한 문장에 대한 대답 찾기, 대화에 적절한 대답을 찾는 문제이다. 유형②는 지문의 전체 내용을 이해하는 문제이다. 장소나 화제 찾기, 알맞은 그림 찾기, 중심 내용을 파악하는 문제이다. 유형③은 지문의 세부 내용을 이해하는 문제이다. 지문의 내용을 자세히 이해해야 문제를 풀 수 있다.

유형①과 유형②에서는 각 문제와 관련된 표현을 〈추가 학습〉으로 정리해서 다양한 표현의 문장을 폭넓게 학습할 수 있도록 하였다. 각 표현이 쓰인 예문을 제시하였고 이 예문은 듣기 문제에 익숙해질 수 있도록 문제 유형과 유사한 대화로 구성했다. 또한 연습 문제를 구성하여 배운 표현을 확인할 수 있도록 하였다. 유형③에는 〈주요 표현〉을 구성해서 지문에 사용된 단어, 문형, 구 등의 의미를 배울 수 있고 표현마다 예문을 제시해서 확장 학습을 할 수 있도록 구성했다.

【듣기 파일】은 다락원 홈페이지(www.darakwon.co.kr)에서 다운로드 할 수 있다. 기본 음성과 실제 시험장 스피커에서 들리는 음성 두 가지로 연습해 볼 수 있다.

【듣기 파일】

Features of this book

<Intensive Course for TOPIK I Success: Listening> categorizes the 30 TOPIK I listening questions into 3 types, allowing for type-specific learning. Each question consists of an A and B question, providing a total of 60 passages for learning. Each question includes a <Strategy> section, providing necessary information for problem-solving. The main text is translated into English, and vocabulary from the questions is provided in English, Chinese, Japanese, and Vietnamese.

The three types can be classified as follows. Type ①: Finding the appropriate answer. This includes questions about finding the correct answer to 'yes/no' questions, questions using interrogative words, and finding the appropriate response in a conversation. Type ②: Understanding the overall content of the passage. This includes questions about identifying the place or topic, finding the correct picture, and grasping the main idea. Type ③: Understanding the detailed content of the passage. These questions require a detailed understanding of the passage.

In Type ① and Type ②, expressions related to each question are organized as <Additional Learning> to facilitate extensive learning of various expressions and sentences. Example sentences using these expressions are provided, and these examples are structured as conversations similar to the question types to help learners become familiar with listening questions. Practice questions are also included to check understanding of the learned expressions. In Type ③, <Key Expressions> sections are provided to help learners understand the meaning of words, sentence patterns, and phrases used in the passages. Example sentences are provided for each expression to facilitate extended learning.

 [Listening Files] can be downloaded from the Darakwon website (www.darakwon.co.kr). You can practice with both basic audio and audio that simulates the actual test environment speakers.

이 책의 활용법 How to use this book

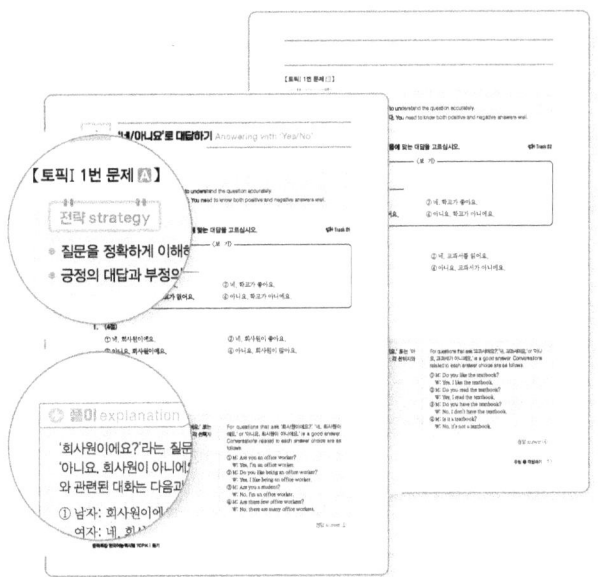

각 문제마다 문제 풀이 방법을 【전략】으로 제시했다. 【전략】을 참고하여 문제를 풀어보자.

Each question presents problem-solving methods in the 【Strategy】 section. Refer to the 【Strategy】 section to solve the problems.

실제 시험과 유사한 유형과 난이도로 문제를 구성하였고 문제의 핵심을 파악할 수 있도록 정답을 풀이하였다.

The questions are designed with similar types and difficulty levels as the actual exam. Explanations of the correct answers are provided to help grasp the core of the questions.

유형①과 유형②에서는 각 문제와 관련된 표현을 〈추가 학습〉으로 정리해서 다양한 표현의 문장을 폭넓게 학습할 수 있도록 하였다. 유형③에서는 〈주요 표현〉을 구성해서 지문에 사용된 단어, 문형, 구 등의 의미를 배울 수 있도록 하였다.

In Type① and Type②, expressions related to each question are organized as <Additional Learning> to facilitate extensive learning of various expressions and sentences. In Type③, <Key Expressions> sections are provided to help learners understand the meaning of words, sentence patterns, and phrases used in the passages, and example sentences are provided for each expression to facilitate extended learning.

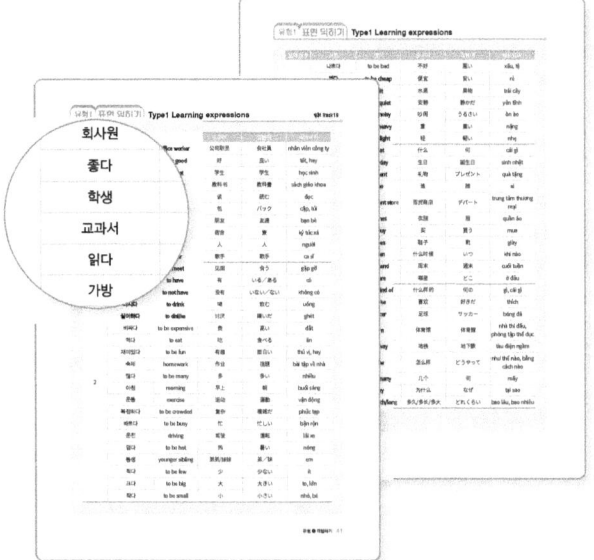

각 문제와 〈추가 학습〉에서 다룬 어휘 중 필수적으로 알아야 할 어휘를 선정하여 영어, 일본어, 중국어, 베트남어로 번역하여 정리하였다.

Essential vocabulary from each question and <Additional Learning> is selected and translated into English, Japanese, Chinese, and Vietnamese.

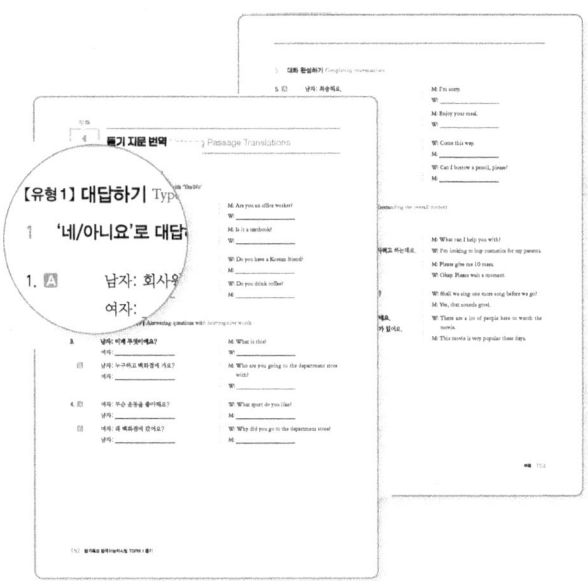

【부록】에는 학습한 문제의 지문을 모아 수록하였고, 문제에서 다룬 표현도 ㄱㄴㄷ 순으로 정리하여 4개 국어(영어·중국어·일본어·베트남어)와 함께 실었다. 또한 OMR 카드 사용법도 제시하여 시험 준비를 돕는다.

The 【Appendix】 includes a collection of passages from the studied questions, and the expressions covered previously are organized in alphabetical order and presented in four languages (English, Chinese, Japanese, and Vietnamese). Additionally, instructions on how to use the OMR card are provided to help with exam preparation.

TOPIK I 시험 안내

01 시험 목적
- 한국어를 모국어로 하지 않는 재외동포·외국인의 한국어 학습 방향 제시 및 한국어 보급 확대
- 한국어 사용 능력을 측정·평가하여 그 결과를 국내 대학 유학 및 취업 등에 활용

02 응시 대상
응시 자격 제한이 없으나 재외동포 및 한국어를 모국어로 사용하지 않는 외국인 한국어 학습자 및 국내 대학 유학 희망자, 국내외 한국 기업체 및 공공기관 취업 희망자, 외국 학교에 재학 중이거나 졸업한 재외국민

03 시험의 주요 활용처
- 외국인 및 재외동포의 국내 대학(원) 입학 및 졸업
- 정부 초청 외국인 장학생 프로그램 진학 및 학사관리
- 국내외 기업체 및 공공기관 취업
- 국외 대학의 한국어 관련 학과 학점 및 졸업요건
- 영주권/취업 등 체류비자 취득

04 토픽 I PBT 시험 수준 및 평가 등급

영역	시험시간	유형	문항수	배점	급수 구분 점수
듣기	100분	선택형 (4지선다형)	30문	100점	1급 80~139점
읽기			40문	100점	2급 140~200점

05 등급별 평가 기준

1급	자기 소개하기, 물건 사기, 음식 주문하기 등 생존에 필요한 기초적인 언어 기능을 수행할 수 있으며 자기 자신, 가족, 취미, 날씨 등 매우 사적이고 친숙한 화제에 관련된 내용을 이해하고 표현할 수 있다. 약 800개의 기초 어휘와 기본 문법에 대한 이해를 바탕으로 간단한 문장을 생성할 수 있다. 또한 간단한 생활문과 실용문을 이해하고, 구성할 수 있다.
2급	전화하기, 부탁하기 등의 일상생활에 필요한 기능과 우체국, 은행 등의 공공시설 이용에 필요한 기능을 수행할 수 있다. 약 1,500~2,000개의 어휘를 이용하여 사적이고 친숙한 화제에 관해 문단 단위로 이해하고 사용할 수 있다. 공식적 상황과 비공식적 상황에서의 언어를 구분해 사용할 수 있다.

TOPIK I Exam Information

01 Test Purpose

- To provide guidance on Korean language learning directions for overseas Koreans and foreigners whose native language is not Korean, and to expand the spread of the Korean language
- To measure and evaluate Korean language proficiency and utilize the results for studying abroad at domestic universities, employment, and other purposes

02 Target Test Takers

There are no restrictions on eligibility, but it is intended for overseas Koreans and foreign learners of Korean whose native language is not Korean, as well as those who wish to study at domestic universities, those who wish to work for Korean companies or public institutions at home and abroad, and overseas Koreans who are currently attending or have graduated from foreign schools

03 Main Uses of the Test

- Admission and graduation from domestic universities (graduate schools) for foreigners and overseas Koreans
- Admission and academic management of government-invited foreign scholarship programs
- Employment at domestic and foreign companies and public institutions
- Credits and graduation requirements for Korean language-related departments at overseas universities
- Obtaining permanent residency/work visas and other types of stay visas

04 TOPIK I PBT Test Level and Evaluation Grades

Category	Test Time	Type	Number of Questions	Points	Level
Listening	100 minutes	Multiple Choice (4 options)	30	100	Level 1 80~139
Reading			40	100	Level 2 140~200

05 Evaluation Criteria by Grade

Level 1	Can perform basic language functions necessary for survival, such as introducing oneself, buying things, and ordering food. Can understand and express content related to very personal and familiar topics such as oneself, family, hobbies, and weather. Can create simple sentences based on understanding of approximately 800 basic vocabulary words and basic grammar. And can understand and compose simple daily life texts and practical texts.
Level 2	Can perform functions necessary for daily life such as making phone calls and asking for favors, as well as functions necessary for using public facilities such as post offices and banks. Can understand and use paragraphs about personal and familiar topics using approximately 1,500 to 2,000 vocabulary words. Can distinguish between formal and informal language use in different situations.

목차 Contents

- 머리말 Preface · 04
- 이 책의 특징 Features of this book · 06
- 이 책의 활용법 How to use this book · 08
- TOPIK I 시험 안내 TOPIK I Exam Information · 10

유형1 대답하기 Responding

1 '네/아니요'로 대답하기 · 16
　Answering with 'yes/no'

2 의문사 질문에 대답하기 · 26
　Answering questions with interrogative words

3 대화 완성하기 · 34
　Completing conversations

- 유형1 | 표현 익히기 · 41
　Type1 | Learning expressions

유형2 전체 내용 이해하기 Understanding the overall content

1 장소 찾기 · 46
　Finding the location

2 화제 찾기 · 62
　Finding the topic

3 알맞은 그림 찾기 · 82
　Finding the correct picture

4 중심 생각 찾기 · 90
　Finding the main idea

- 유형2 | 표현 익히기 · 113
　Type2 | Learning expressions

유형3 세부 내용 이해하기 Understanding specific details

1 대화의 내용 이해하기 ··· • 124
　　Understanding the content of the conversation

2 안내 방송의 내용 이해하기 ·· • 145
　　Understanding the content of announcements

• 유형3 | 표현 익히기 ·· • 148
　　Type3 | Learning expressions

부록 Appendix

듣기 지문 번역 ·· • 152
Listening passage translations

표현 색인 ·· • 163
Expression index

OMR 답안지 작성법 ·· • 175
How to fill out the OMR answer sheet

대답하기
Responding

---

1 '네/아니요'로 대답하기 Answering with 'Yes/No'
토픽I 듣기 1, 2번 문제

2 의문사 질문에 대답하기 Answering questions with interrogative words
토픽I 듣기 3, 4번 문제

3 대화 완성하기 Completing conversations
토픽I 듣기 5, 6번 문제

유형1 표현 익히기 Type1 Learning expressions

1 '네/아니요'로 대답하기 Answering with 'Yes/No'

【토픽I 1번 문제 A】

전략 strategy

- 질문을 정확하게 이해해야 한다. You need to understand the question accurately.
- 긍정의 대답과 부정의 대답을 잘 알아야 한다. You need to know both positive and negative answers well.

※ [1~4] 다음을 듣고 〈보기〉와 같이 물음에 맞는 대답을 고르십시오. 🔊 Track 01

〈보 기〉

가: 학교에 가요?
나: _____

❶ 네. 학교에 가요. ② 네. 학교가 좋아요.
③ 아니요. 학교가 없어요. ④ 아니요. 학교가 아니에요.

1. (4점)

① 네. 회사원이에요. ② 네. 회사원이 좋아요.
③ 아니요. 회사원이에요. ④ 아니요. 회사원이 많아요.

풀이 explanation

'회사원이에요?'라는 질문에는 '네. 회사원이에요.' 또는 '아니요. 회사원이 아니에요.'라는 대답이 좋다. 각 선택지와 관련된 대화는 다음과 같다.
① 남자: 회사원이에요?
   여자: 네. 회사원이에요.
② 남자: 회사원이 좋아요?
   여자: 네. 회사원이 좋아요.
③ 남자: 학생이에요?
   여자: 아니요. 회사원이에요.
④ 남자: 회사원이 적어요?
   여자: 아니요. 회사원이 많아요.

For questions that ask '회사원이에요?', '네. 회사원이에요.' or '아니요. 회사원이 아니에요.' is a good answer. Conversations related to each answer choice are as follows.
① M: Are you an office worker?
   W: Yes, I'm an office worker.
② M: Do you like being an office worker?
   W: Yes, I like being an office worker.
③ M: Are you a student?
   W: No, I'm an office worker.
④ M: Are there few office workers?
   W: No, there are many office workers.

정답 answer ①

【토픽I 1번 문제 B】

 전략 strategy

- 질문을 정확하게 이해해야 한다. You need to understand the question accurately.
- 긍정의 대답과 부정의 대답을 잘 알아야 한다. You need to know both positive and negative answers well.

※ [1~4] 다음을 듣고 〈보기〉와 같이 물음에 맞는 대답을 고르십시오. 🔊 Track 02

───〈보 기〉───

가: 학교에 가요?

나: _____

❶ 네, 학교에 가요.　　　　② 네, 학교가 좋아요.

③ 아니요, 학교가 없어요.　　④ 아니요, 학교가 아니에요.

1. (4점)

① 네, 교과서가 좋아요.　　　　② 네, 교과서를 읽어요.

③ 아니요, 교과서가 없어요.　　④ 아니요, 교과서가 아니에요.

풀이 explanation

'교과서예요?'라는 질문에는 '네, 교과서예요.' 또는 '아니요, 교과서가 아니에요.'라는 대답이 좋다. 각 선택지와 관련된 대화는 다음과 같다.

① 남자: 교과서가 좋아요?
　여자: 네, 교과서가 좋아요.
② 남자: 교과서를 읽어요?
　여자: 네, 교과서를 읽어요.
③ 남자: 교과서가 있어요?
　여자: 아니요, 교과서가 없어요.
④ 남자: 교과서예요?
　여자: 아니요, 교과서가 아니에요.

For questions that ask '교과서예요?', '네, 교과서예요.' or '아니요, 교과서가 아니에요.' is a good answer. Conversations related to each answer choice are as follows.

① M: Do you like the textbook?
　W: Yes, I like the textbook.
② M: Do you read the textbook?
　W: Yes, I read the textbook.
③ M: Do you have the textbook?
　W: No, I don't have the textbook.
④ M: Is it a textbook?
　W: No, it's not a textbook.

정답 answer ④

☑ 추가 학습 Additional Learning 🔊 Track 03

긍정과 부정의 표현을 공부합시다. Let's study positive and negative expressions.

1. N이에요

남자: 학생이에요? Are you a student?
여자: 네, 학생이에요. Yes, I'm a student.

남자: 영수 씨 가방이에요? Is this Yeongsu's bag?
여자: 네. 영수 씨 가방이에요. Yes, it's Yeongsu's bag.

2. N예요

남자: 친구예요? Is she a friend?
여자: 네. 친구예요. Yes, she's a friend.

남자: 여기가 기숙사예요? Is this the dormitory?
여자: 네. 기숙사예요. Yes, it's the dormitory.

3. N이 아니에요

남자: 학생이에요? Are you a student?
여자: 아니요. 학생이 아니에요. No, I'm not a student.

남자: 영수 씨 가방이에요? Is this Yeongsu's bag?
여자: 아니요. 영수 씨 가방이 아니에요. No, it's not Yeongsu's bag.

4. N가 아니에요

남자: 친구예요? Is she a friend?
여자: 아니요. 친구가 아니에요. No, she's not a friend.

남자: 여기가 기숙사예요? Is this the dormitory?
여자: 아니요. 여기는 기숙사가 아니에요. No, this is not the dormitory.

5. 네/아니요

남자: 베트남 사람이에요? Are you Vietnamese?
여자: 네. 베트남 사람이에요. Yes, I'm Vietnamese.
    아니요. 베트남 사람이 아니에요. No, I'm not Vietnamese.

남자: 이것이 교과서예요? Is this a textbook?
여자: 네. 이것이 교과서예요. Yes, this is a textbook.
    아니요. 이것은 교과서가 아니에요. No, this is not a textbook.

연습합시다! Let's practice

남자: 한국 가수예요?
여자: 네. _____.
    아니요. _____.

★답안 예시 answer example
→ 네. 한국 가수예요.
    아니요. 한국 가수가 아니에요.

1 '네/아니요'로 대답하기 Answering with 'Yes/No'

【토픽I 2번 문제 】

전략 strategy

- 질문을 정확하게 이해해야 한다. You need to understand the question accurately.
- 긍정의 대답과 부정의 대답을 잘 알아야 한다. You need to know both positive and negative answers well.

※ [1~4] 다음을 듣고 〈보기〉와 같이 물음에 맞는 대답을 고르십시오.　　🔊 Track 04

〈보 기〉

가: 학교에 가요?

나: _____

❶ 네. 학교에 가요.　　② 네. 학교가 좋아요.

③ 아니요. 학교가 없어요.　　④ 아니요. 학교가 아니에요.

2. (4점)

① 네. 한국 친구예요.　　② 네. 한국 친구를 만나요.

③ 아니요. 한국 친구가 없어요.　　④ 아니요. 한국 친구가 아니에요.

풀이 explanation

'한국 친구가 있어요?'라는 질문에는 '네. 한국 친구가 있어요.' 또는 '아니요. 한국 친구가 없어요.'라는 대답이 좋다. 각 선택지와 관련된 대화는 다음과 같다.

① 여자: 한국 친구예요?
　남자: 네. 한국 친구예요.
② 여자: 한국 친구를 만나요?
　남자: 네. 한국 친구를 만나요.
③ 여자: 한국 친구가 있어요?
　남자: 아니요. 한국 친구가 없어요.
④ 여자: 한국 친구예요?
　남자: 아니요. 한국 친구가 아니에요.

For questions that ask '한국 친구가 있어요?', '네. 한국 친구가 있어요.' or '아니요. 한국 친구가 없어요.' is a good answer. Conversations related to each answer choice are as follows.

① W: Is he/she a Korean friend?
　M: Yes, he/she is a Korean friend.
② W: Do you meet your Korean friend?
　M: Yes, I meet my Korean friend.
③ W: Do you have a Korean friend?
　M: No, I don't have a Korean friend.
④ W: Is he/she a Korean friend?
　M: No, he/she is not a Korean friend.

정답 answer ③

【토픽I 2번 문제 B】

- 질문을 정확하게 이해해야 한다. You need to understand the question accurately.
- 긍정의 대답과 부정의 대답을 잘 알아야 한다. You need to know both positive and negative answers well.

※ [1~4] 다음을 듣고 〈보기〉와 같이 물음에 맞는 대답을 고르십시오.　　　　　　　　Track 05

〈보 기〉

가: 학교에 가요?
나: _____

❶ 네, 학교에 가요.　　　　　　　② 네, 학교가 좋아요.
③ 아니요, 학교가 없어요.　　　　④ 아니요, 학교가 아니에요.

2. (4점)

① 네, 커피를 마셔요.　　　　　　② 네, 커피가 없어요.
③ 아니요, 커피를 좋아해요.　　　④ 아니요, 커피가 비싸지 않아요.

풀이 explanation

'커피를 마셔요?'라는 질문에는 '네, 커피를 마셔요.' 또는 '아니요, 커피를 마시지 않아요.'라는 대답이 좋다. 각 선택지와 관련된 대화는 다음과 같다.

① 여자: 커피를 마셔요?
　남자: 네, 커피를 마셔요.
② 여자: 커피가 없어요?
　남자: 네, 커피가 없어요.
③ 여자: 커피를 싫어해요?
　남자: 아니요, 커피를 좋아해요.
④ 여자: 커피가 비싸요?
　남자: 아니요, 커피가 비싸지 않아요.

For questions that ask '커피를 마셔요?', '네, 커피를 마셔요.' or '아니요, 커피를 마시지 않아요.' is a good answer. Conversations related to each answer choice are as follows.

① W: Do you drink coffee?
　M: Yes, I drink coffee.
② W: Don't you have coffee?
　M: Yes, I don't have any coffee.
③ W: Do you dislike coffee?
　M: No, I like coffee.
④ W: Is coffee expensive?
　M: No, coffee is not expensive.

정답 answer ①

☑ 추가 학습 Additional Learning　　　　🔊 Track 06
긍정과 부정의 표현을 공부합시다. Let's study positive and negative expressions.

1. ___어요

여자: 아침을 먹어요? Do you eat breakfast?
남자: 네. 아침을 먹어요. Yes, I eat breakfast.

여자: 한국 생활이 재미있어요? Is life in Korea fun?
남자: 네. 한국 생활이 재미있어요. Yes, life in Korea is fun.

2. ___아요

여자: 집에 가요? Are you going home?
남자: 네. 집에 가요. Yes, I'm going home.

여자: 숙제가 많아요? Do you have a lot of homework?
남자: 네. 숙제가 많아요. Yes, I have a lot of homework.

3. ___여요

여자: 아침에 운동을 해요? Do you exercise in the morning?
남자: 네. 아침에 운동을 해요. Yes, I exercise in the morning.

여자: 서울이 복잡해요? Is Seoul crowded?
남자: 네. 서울이 복잡해요. Yes, Seoul is crowded.

4. 안 ___

여자: 아침을 먹어요? Do you eat breakfast?
남자: 아니요. 아침을 안 먹어요. No, I don't eat breakfast.

여자: 지금 바빠요? Are you busy now?
남자: 아니요. 지금 안 바빠요. No, I'm not busy now.

5. ___지 않아요

여자: 서울에서 운전을 해요? Do you drive in Seoul?
남자: 아니요. 서울에서 운전을 하지 않아요. No, I don't drive in Seoul.

여자: 날씨가 더워요? Is the weather hot?
남자: 아니요. 날씨가 덥지 않아요. No, the weather is not hot.

6. ___이/가 있어요/없어요

여자: 동생이 있어요? Do you have a younger sibling?
남자: 네. 동생이 있어요. Yes, I have a younger sibling.
　　　아니요. 동생이 없어요. No, I don't have a younger sibling.

여자: 교과서가 있어요? Do you have a textbook?
남자: 네. 교과서가 있어요. Yes, I have a textbook.
　　　아니요. 교과서가 없어요. No, I don't have a textbook.

7. 반의어 antonyms

• 많다/적다 to be many/to be few

여자: 친구가 많아요? Do you have many friends?

남자: 네. 친구가 많아요. Yes, I have many friends.

　　　아니요. 친구가 적어요. No, I have few friends.

여자: 숙제가 많아요? Do you have a lot of homework?

남자: 네. 숙제가 많아요. Yes, I have a lot of homework.

　　　아니요. 숙제가 적어요. No, I have little homework.

• 크다/작다 to be big/to be small

여자: 민철 씨 방이 커요? Is Mincheol's room big?

남자: 네. 민철 씨 방이 커요. Yes, Mincheol's room is big.

　　　아니요. 민철 씨 방이 작아요. No, Mincheol's room is small.

여자: 마이클 씨가 키가 커요? Is Michael tall?

남자: 네. 마이클 씨가 키가 커요. Yes, Michael is tall.

　　　아니요. 마이클 씨는 키가 작아요. No, Michael is short.

• 좋다/나쁘다 to be good/to be bad

여자: 지금 기분이 좋아요? Are you feeling good now?

남자: 네. 기분이 좋아요. Yes, I'm feeling good.

　　　아니요. 기분이 나빠요. No, I'm feeling bad.

여자: 성적이 좋아요? Are your grades good?

남자: 네. 성적이 좋아요. Yes, my grades are good.

　　　아니요. 성적이 나빠요. No, my grades are bad.

- **비싸다/싸다** to be expensive/to be cheap

여자: 요즘 과일이 비싸요? Is fruit expensive these days?
남자: 네. 과일이 비싸요. Yes, fruit is expensive.
　　 아니요. 과일이 싸요. No, fruit is cheap.

여자: 옷값이 비싸요? Are clothes expensive?
남자: 네. 옷값이 비싸요. Yes, clothes are expensive.
　　 아니요. 옷값이 싸요. No, clothes are cheap.

- **조용하다/시끄럽다** to be quiet/to be noisy

여자: 교실이 조용해요? Is the classroom quiet?
남자: 네. 교실이 조용해요. Yes, the classroom is quiet.
　　 아니요. 교실이 시끄러워요. No, the classroom is noisy.

여자: 아이들이 조용해요? Are the children quiet?
남자: 네. 아이들이 조용해요. Yes, the children are quiet.
　　 아니요. 아이들이 시끄러워요. No, the children are noisy.

- **무겁다/가볍다** to be heavy/to be light

여자: 가방이 무거워요? Is the bag heavy?
남자: 네. 가방이 무거워요. Yes, the bag is heavy.
　　 아니요. 가방이 가벼워요. No, the bag is light.

여자: 책상이 무거워요? Is the desk heavy?
남자: 네. 책상이 무거워요. Yes, the desk is heavy.
　　 아니요. 책상이 가벼워요. No, the desk is light.

연습합시다! Let's practice

여자: 이번 주말에 친구를 만나요?
남자: 네. _____.
　　 아니요. _____.

★ 답안 예시 answer example
→ 네. 친구를 만나요.
　 아니요. 친구를 만나지 않아요.

2 의문사 질문에 대답하기 Answering questions with interrogative words

【토픽I 3번 문제 】

전략 strategy

- 질문을 정확하게 알아야 한다. You need to understand the question accurately.
- 의문사의 의미를 잘 이해해야 한다. You need to understand the meaning of the interrogative word well.

※ [1~4] 다음을 듣고 〈보기〉와 같이 물음에 맞는 대답을 고르십시오.   🔊 Track 07

〈보 기〉

가: 학교에 가요?
나: _____

❶ 네, 학교에 가요.　　② 네, 학교가 좋아요.
③ 아니요, 학교가 없어요.　④ 아니요, 학교가 아니에요.

3. (3점)

① 빵을 먹어요.　　② 제 동생이에요.
③ 생일 선물이에요.　④ 카페에서 만나요.

풀이 explanation

'이게 무엇이에요?'라는 질문에는 무슨 물건인지를 대답해야 한다. 그러므로 '책이에요.' 또는 '생일 선물이에요.' 등의 대답이 좋다. 각 선택지와 관련된 대화는 다음과 같다.

① 남자: 무엇을 먹어요?
　여자: 빵을 먹어요.
② 남자: 누구예요?
　여자: 제 동생이에요.
③ 남자: 이게 무엇이에요?
　여자: 생일 선물이에요.
④ 남자: 어디에서 친구를 만나요?
　여자: 카페에서 만나요.

For questions that ask '이게 무엇이에요?', you should answer by specifying the object. Therefore, answers like '책이에요.' or '생일 선물이에요.' are good. Here are some conversations related to each answer choice.

① M: What are you eating?
　W: I'm eating bread.
② M: Who is it?
　W: It's my younger sibling.
③ M: What is this?
　W: It's a birthday present.
④ M: Where are you meeting your friend?
　W: I'm meeting them at a cafe.

정답 answer ③

【토픽Ⅰ 3번 문제 B】

- 질문을 정확하게 알아야 한다. You need to understand the question accurately.
- 의문사의 의미를 잘 이해해야 한다. You need to understand the meaning of the interrogative word well.

※ [1~4] 다음을 듣고 〈보기〉와 같이 물음에 맞는 대답을 고르십시오.　　　　🔊 Track 08

〈보 기〉

가: 학교에 가요?
나: _____

❶ 네. 학교에 가요.　　　　② 네. 학교가 좋아요.
③ 아니요. 학교가 없어요.　　　④ 아니요. 학교가 아니에요.

3. (3점)

① 시장에 가요.　　　　② 옷을 사러 가요.
③ 친구하고 가요.　　　　④ 옷하고 신발을 사요.

풀이 explanation

'누구하고 백화점에 가요?'라는 질문에는 같이 가는 사람을 말해야 한다. 그러므로 '동생하고 가요.' 또는 '친구하고 가요.' 등의 대답이 좋다. 각 선택지와 관련된 대화는 다음과 같다.

① 남자: 어디에 가요?
　 여자: 시장에 가요.
② 남자: 왜 백화점에 가요?
　 여자: 옷을 사러 가요.
③ 남자: 누구하고 백화점에 가요?
　 여자: 친구하고 가요.
④ 남자: 백화점에서 무엇을 사요?
　 여자: 옷하고 신발을 사요.

For questions that ask '누구하고 백화점에 가요?', you should mention the person you are going with. Therefore, answers like '동생하고 가요.' or '친구하고 가요.' are good. Here are some conversations related to each answer choice.

① M: Where are you going?
　 W: I'm going to the market.
② M: Why are you going to the department store?
　 W: I'm going to buy clothes.
③ M: Who are you going to the department store with?
　 W: I'm going with a friend.
④ M: What are you buying at the department store?
　 W: I'm buying clothes and shoes.

정답 answer ③

☑ 추가 학습 Additional Learning　　　🔊 Track 09

의문사가 있는 표현을 공부합시다. Let's study expressions with interrogative words.

1. 누구 who

남자: 오늘 누구를 만나요? Who are you meeting today?

여자: 오늘 친구를 만나요. I'm meeting a friend today.

남자: 누가 아직 안 왔어요? Who hasn't arrived yet?

여자: 영수 씨가 아직 안 왔어요. Yeongsu hasn't arrived yet.

2. 언제 when

남자: 생일이 언제예요? When is your birthday?

여자: 5월 10일이에요. It's May 10th.

남자: 언제 고향에 가요? When are you going to your hometown?

여자: 다음 달에 가요. I'm going next month.

3. 무엇 what

남자: 이름이 뭐예요? What's your name?

여자: 유키예요. It's Yuki.

남자: 주말에 무엇을 해요? What do you do on weekends?

여자: 주말에 운동을 해요. I exercise on weekends.

4. 어디 where

남자: 학생회관이 어디에 있어요? Where is the student union building?
여자: 도서관 앞에 있어요. It's in front of the library.

남자: 어디에서 아르바이트를 해요? Where do you work part-time?
여자: 편의점에서 아르바이트를 해요. I work part-time at a convenience store.

연습합시다! Let's practice

남자: 어제 오후에 어디에 갔어요?
여자: _____.

★답안 예시 answer example
→ 어제 오후에 도서관에 갔어요.

2 의문사 질문에 대답하기 Answering questions with interrogative words

【토픽I 4번 문제 】

전략 strategy

- 질문을 정확하게 알아야 한다. You need to understand the question accurately.
- 의문사의 의미를 잘 이해해야 한다. You need to understand the meaning of the interrogative word well.

※ [1~4] 다음을 듣고 〈보기〉와 같이 물음에 맞는 대답을 고르십시오. 🔊 Track 10

〈보 기〉

가: 학교에 가요?

나: _____

❶ 네. 학교에 가요.　　② 네. 학교가 좋아요.

③ 아니요. 학교가 없어요.　　④ 아니요. 학교가 아니에요.

4. (3점)

① 축구를 좋아해요.　　② 체육관에서 해요.

③ 운동을 좋아해요.　　④ 친구와 운동을 해요.

풀이 explanation

'무슨 운동을 좋아해요?'라는 질문에는 좋아하는 운동을 대답해야 한다. 그러므로 '농구를 좋아해요.' 또는 '축구를 좋아해요.' 등의 대답이 좋다. 각 선택지와 관련된 대화는 다음과 같다.

① 여자: 무슨 운동을 좋아해요?
   남자: 축구를 좋아해요.
② 여자: 어디에서 운동을 해요?
   남자: 체육관에서 해요.
③ 여자: 무엇을 좋아해요?
   남자: 운동을 좋아해요.
④ 여자: 누구와 운동을 해요?
   남자: 친구와 운동을 해요.

For questions that ask '무슨 운동을 좋아해요?', you should answer with your favorite sport. Therefore, answers like '농구를 좋아해요.' or '축구를 좋아해요.' are good. Here are some conversations related to each answer choice.

① W: What sport do you like?
   M: I like soccer.
② W: Where do you exercise?
   M: I exercise at the gym.
③ W: What do you like?
   M: I like exercising.
④ W: Who do you exercise with?
   M: I exercise with my friends.

정답 answer ①

【 토픽I 4번 문제 B 】

- 질문을 정확하게 알아야 한다. You need to understand the question accurately.
- 의문사의 의미를 잘 이해해야 한다. You need to understand the meaning of the interrogative word well.

※ [1~4] 다음을 듣고 〈보기〉와 같이 물음에 맞는 대답을 고르십시오.　　🔊 Track 11

―――――――― 〈보 기〉 ――――――――

가: 학교에 가요?
나: _____

❶ 네. 학교에 가요.　　　② 네. 학교가 좋아요.
③ 아니요. 학교가 없어요.　　④ 아니요. 학교가 아니에요.

4. (3점)

① 지하철로 갔어요.　　　② 옷을 사러 갔어요.
③ 어제 오후에 갔어요.　　④ 친구와 같이 갔어요.

풀이 explanation

'왜 백화점에 갔어요?'라는 질문에는 백화점에 간 이유를 대답해야 한다. 그러므로 '신발을 사러 갔어요.' 또는 '옷을 사러 갔어요.' 등의 대답이 좋다. 각 선택지와 관련된 대화는 다음과 같다.

① 여자: 백화점에 어떻게 갔어요?
　남자: 지하철로 갔어요.
② 여자: 왜 백화점에 갔어요?
　남자: 옷을 사러 갔어요.
③ 여자: 언제 백화점에 갔어요?
　남자: 어제 오후에 갔어요.
④ 여자: 누구와 같이 백화점에 갔어요?
　남자: 친구와 같이 갔어요.

For questions that ask '왜 백화점에 갔어요?', you should answer with the reason for going to the department store. Therefore, answers like '신발을 사러 갔어요.' or '옷을 사러 갔어요.' are good. Here are some conversations related to each answer choice.

① W: How did you go to the department store?
　M: I went by subway.
② W: Why did you go to the department store?
　M: I went to buy clothes.
③ W: When did you go to the department store?
　M: I went yesterday afternoon.
④ W: Who did you go to the department store with?
　M: I went with a friend.

정답 answer ②

☑ 추가 학습 Additional Learning　　　🔊 Track 12

의문사가 있는 표현을 공부합시다. Let's study expressions with interrogative words.

1. 어떻게 how

여자: 학교에 어떻게 와요? How do you come to school?
남자: 버스를 타고 와요. I come by bus.

여자: 한국말을 어떻게 공부했어요? How did you study Korean?
남자: 유튜브로 공부했어요. I studied through YouTube.

2. 몇 how many

여자: 모두 몇 명이에요? How many people are there in total?
남자: 다섯 명이에요. There are five people.

여자: 지금 몇 시예요? What time is it now?
남자: 오후 2시예요. It's 2 p.m.

3. 왜 why

여자: 왜 아르바이트를 해요? Why do you have a part-time job?
남자: 돈이 없어서 아르바이트를 해요. I have a part-time job because I don't have money.

여자: 왜 꽃을 샀어요? Why are you buying flowers?
남자: 여자친구에게 주려고 꽃을 샀어요. I'm buying flowers to give to my girlfriend.

4. 무슨 what kind of

여자: 무슨 운동을 좋아해요? What kind of exercise do you like?

남자: 축구를 좋아해요. I like soccer.

여자: 무슨 음식이 맛있어요? What kind of food is delicious?

남자: 불고기가 맛있어요. Bulgogi is delicious.

5. 얼마나 how long/often

여자: 집에서 학교까지 얼마나 걸려요? How long does it take to get from your home to school?

남자: 30분쯤 걸려요. It takes about 30 minutes.

여자: 부모님께 얼마나 자주 전화해요? How often do you call your parents?

남자: 날마다 연락해요. I contact them every day.

연습합시다! Let's practice

여자: 부산에 어떻게 갔어요?

남자: _____.

★ 답안 예시 answer example

→ 기차로 갔어요.

3 대화 완성하기 Completing conversations

【토픽I 5번 문제 A】

- 다양한 인사 표현을 알아야 한다. You need to know various greeting expressions.
- 인사 표현에 대한 대답을 알아야 한다. You need to know the responses to greeting expressions.

※ [5~6] 다음을 듣고 〈보기〉와 같이 이어지는 말을 고르십시오.   📢 Track 13

―〈보 기〉―

가: 안녕히 가세요.
나: _____

① 어서 오세요.   ② 안녕하세요.
❸ 안녕히 계세요.   ④ 안녕히 주무세요.

5. (4점)

① 고마워요.   ② 괜찮아요.
③ 반가워요.   ④ 안녕히 계세요.

풀이 explanation

'죄송해요.'라는 말에는 '괜찮아요.'라는 대답이 좋다. 각 선택지와 관련된 대화는 다음과 같다.

① 남자: 이거 생일 선물이에요.
   여자: 고마워요.
② 남자: 죄송해요.
   여자: 괜찮아요.
③ 남자: 오랜만이에요.
   여자: 반가워요.
④ 남자: 안녕히 가세요.
   여자: 안녕히 계세요.

To the phrase '죄송해요.', '괜찮아요.' is a good response. Conversations related to each answer choice are as follows.

① M: This is a birthday present.
   W: Thank you.
② M: I'm sorry.
   W: It's okay.
③ M: Long time no see.
   W: Nice to see you.
④ M: Goodbye.
   W: Goodbye.

정답 answer ②

【토픽I 5번 문제 B】

> **전략 strategy**
> - 다양한 인사 표현을 알아야 한다. You need to know various greeting expressions.
> - 인사 표현에 대한 대답을 알아야 한다. You need to know the responses to greeting expressions.

※ [5~6] 다음을 듣고 〈보기〉와 같이 이어지는 말을 고르십시오.

〈보 기〉

가: 안녕히 가세요.
나: _____

① 어서 오세요.　　　　　② 안녕하세요.
❸ 안녕히 계세요.　　　　④ 안녕히 주무세요.

5. (4점)

① 잘 먹겠습니다.　　　　② 잘 지냈습니다.
③ 네. 괜찮습니다.　　　　④ 네. 그렇습니다.

> **풀이 explanation**
>
> '맛있게 드세요.'라는 인사에는 '잘 먹겠습니다.' 또는 '맛있게 먹겠습니다.'라는 대답이 좋다. 각 선택지와 관련된 대화는 다음과 같다.
> ① 남자: 맛있게 드세요.
> 　여자: 잘 먹겠습니다.
> ② 남자: 잘 지냈어요?
> 　여자: 잘 지냈습니다.
> ③ 남자: 괜찮아요?
> 　여자: 네. 괜찮습니다.
> ④ 남자: 유키 씨입니까?
> 　여자: 네. 그렇습니다.
>
> To the greeting '맛있게 드세요.', '잘 먹겠습니다.' or '맛있게 먹겠습니다.' is a good response. Conversations related to each answer choice are as follows.
> ① M: Enjoy your meal.
> 　W: I will eat well.
> ② M: How have you been?
> 　W: I've been well.
> ③ M: Are you okay?
> 　W: Yes, I'm okay.
> ④ M: Are you Yuki?
> 　W: Yes, that's me.

정답 answer ①

☑ 추가 학습 Additional Learning

🔊 Track 15

인사말을 공부합시다. Let's study greetings.

1. 만났을 때 when meeting

남자: 처음 뵙겠습니다. How do you do?
여자: 만나서 반갑습니다. Nice to meet you.

남자: 오랜만이에요. Long time no see.
여자: 잘 지내셨어요? How have you been?

2. 헤어질 때 when parting

남자: 안녕히 계세요. Goodbye.
여자: 안녕히 가세요. Goodbye.

남자: 잘 있어요. Take care.
여자: 잘 가세요. Take care.

3. 사과할 때 when apologizing

남자: 늦어서 미안해요. I'm sorry I'm late.
여자: 괜찮습니다. It's okay.

남자: 연락을 못 해서 죄송해요. I'm sorry I couldn't contact you.
여자: 아니에요. 괜찮아요. No problem. It's okay.

4. 식사할 때 when eating

남자: 많이 드세요. Please eat a lot.
여자: 잘 먹겠습니다. I will eat well.

남자: 맛있게 드셨어요? Did you enjoy your meal?
여자: 네. 잘 먹었습니다. Yes, I ate well.

5. 고마울 때 when grateful

남자: 제가 도와드릴게요. Let me help you.
여자: 감사합니다. Thank you.

남자: 도와주셔서 고마워요. Thank you for your help.
여자: 아니에요. You're welcome.

6. 축하할 때 when congratulating

남자: 생일 축하해요. Happy birthday.
여자: 감사합니다. Thank you.

남자: 입학 축하해요. Congratulations on your admission.
여자: 고마워요. Thank you.

연습합시다! Let's practice

남자: 죄송합니다.
여자: _____.

★답안 예시 answer example
→ 괜찮습니다.

3 대화 완성하기 Completing conversations

【토픽I 6번 문제 A】

전략 strategy

- 안내, 지시, 부탁의 말을 이해해야 한다. You need to understand instructions, directions, and requests.
- 상대방의 말에 대한 적절한 대답을 알아야 한다.
  You need to know the appropriate responses to what the other person says.

※ [5~6] 다음을 듣고 〈보기〉와 같이 이어지는 말을 고르십시오.

〈보 기〉

가: 안녕히 가세요.
나: _____

① 어서 오세요.　　　　② 안녕하세요.
❸ 안녕히 계세요.　　　④ 안녕히 주무세요.

6. (3점)

① 네. 알겠습니다.　　　② 잘 모르겠습니다.
③ 처음 뵙겠습니다.　　④ 내일 오겠습니다.

풀이 explanation

'이리로 오세요.'라는 말에는 '네. 알겠습니다.' 또는 '네. 가겠습니다.'라는 대답이 좋다. 각 선택지와 관련된 대화는 다음과 같다.

① 여자: 이리로 오세요.
　남자: 네. 알겠습니다.
② 여자: 이게 뭐예요?
　남자: 잘 모르겠습니다.
③ 여자: 만나서 반갑습니다.
　남자: 처음 뵙겠습니다.
④ 여자: 언제 오시겠어요?
　남자: 내일 오겠습니다.

To the phrase '이리로 오세요.', '네. 알겠습니다.' or '네. 가겠습니다.' is a good response. Conversations related to each answer choice are as follows.

① W: Come this way.
　M: Yes, I understand.
② W: What is this?
　M: I'm not sure.
③ W: How do you do?
　M: Nice to meet you.
④ W: When will you come?
　M: I will come tomorrow.

정답 answer ①

【토픽I 6번 문제 B】

- 안내, 지시, 부탁의 말을 이해해야 한다. You need to understand instructions, directions, and requests.
- 상대방의 말에 대한 적절한 대답을 알아야 한다.
  You need to know the appropriate responses to what the other person says.

※ [5~6] 다음을 듣고 〈보기〉와 같이 이어지는 말을 고르십시오. 🔊 Track 17

〈보 기〉

가: 안녕히 가세요.
나: _____

① 어서 오세요.　　　　　② 안녕하세요.
❸ 안녕히 계세요.　　　　④ 안녕히 주무세요.

6. (3점)

① 그렇습니다.　　　　　　② 여기 있습니다.
③ 저쪽으로 가십시오.　　　④ 한 자루에 1,000원입니다.

풀이 explanation

'연필 좀 빌려주세요.'라는 말에는 '여기 있습니다.'라는 대답이 좋다. 각 선택지와 관련된 대화는 다음과 같다.
① 여자: 여기가 인주 대학교입니까?
　남자: 그렇습니다.
② 여자: 연필 좀 빌려주세요.
　남자: 여기 있습니다.
③ 여자: 어디로 갈까요?
　남자: 저쪽으로 가십시오.
④ 여자: 이 연필은 얼마예요?
　남자: 한 자루에 1,000원입니다.

To the phrase '연필 좀 빌려주세요.', '여기 있습니다.' is a good response. Conversations related to each answer choice are as follows.
① W: Is this Inju University?
　M: That's correct.
② W: Can I borrow a pencil, please?
　M: Here it is.
③ W: Where should we go?
　M: Please go that way.
④ W: How much is this pencil?
　M: It's 1,000 won per pencil.

정답 answer ②

☑ 추가 학습 Additional Learning　　　　　📢 Track 18

안내하거나 부탁하는 표현을 공부합시다. Let's study expressions for directions or favors.

1. 안내 directions

여자: 잠깐만 기다리세요. Please wait a moment.
남자: 알겠습니다. Okay.

여자: 이쪽으로 오세요. Come this way.
남자: 네. 감사합니다. Yes. Thank you.

2. 지시 instructions

여자: 여기에서 드시면 안 됩니다. You can't eat here.
남자: 죄송합니다. I'm sorry.

여자: 사진을 찍으면 안 됩니다. You can't take pictures.
남자: 몰랐습니다. 죄송합니다. I didn't know. I'm sorry.

3. 부탁 requests

여자: 좀 도와주세요. Please help me.
남자: 알겠습니다. Okay.

여자: 내일까지 해야 해요? Does it have to be done by tomorrow?
남자: 네. 부탁합니다. Yes. Please.

✏ 연습합시다! Let's practice

여자: 문을 닫아 주세요.
남자: _____.

★ 답안 예시 answer example
→ 네. 알겠습니다.

유형1 표현 익히기 | Type1 Learning expressions

문제 번호	어휘	영어	중국어	일본어	베트남어
1	회사원	office worker	公司职员	会社員	nhân viên công ty
	좋다	to be good	好	良い	tốt, hay
	학생	student	学生	学生	học sinh
	교과서	textbook	教科书	教科書	sách giáo khoa
	읽다	to read	读	読む	đọc
	가방	bag	包	バック	cặp, túi
	친구	friend	朋友	友達	bạn bè
	기숙사	dormitory	宿舍	寮	ký túc xá
	사람	person	人	人	người
	가수	singer	歌手	歌手	ca sĩ
2	만나다	to meet	见面	会う	gặp gỡ
	있다	to have	有	いる／ある	có
	없다	to not have	没有	いない／ない	không có
	마시다	to drink	喝	飲む	uống
	싫어하다	to dislike	讨厌	嫌いだ	ghét
	비싸다	to be expensive	贵	高い	đắt
	먹다	to eat	吃	食べる	ăn
	재미있다	to be fun	有趣	面白い	thú vị, hay
	숙제	homework	作业	宿題	bài tập về nhà
	많다	to be many	多	多い	nhiều
	아침	morning	早上	朝	buổi sáng
	운동	exercise	运动	運動	vận động
	복잡하다	to be crowded	复杂	複雑だ	phức tạp
	바쁘다	to be busy	忙	忙しい	bận rộn
	운전	driving	驾驶	運転	lái xe
	덥다	to be hot	热	暑い	nóng
	동생	younger sibling	弟弟/妹妹	弟／妹	em
	적다	to be few	少	少ない	ít
	크다	to be big	大	大きい	to, lớn
	작다	to be small	小	小さい	nhỏ, bé

유형1 표현 익히기 Type1 Learning expressions

문제 번호	어휘	영어	중국어	일본어	베트남어
2	나쁘다	to be bad	不好	悪い	xấu, tệ
	싸다	to be cheap	便宜	安い	rẻ
	과일	fruit	水果	果物	trái cây
	조용하다	to be quiet	安静	静かだ	yên tĩnh
	시끄럽다	to be noisy	吵闹	うるさい	ồn ào
	무겁다	to be heavy	重	重い	nặng
	가볍다	to be light	轻	軽い	nhẹ
3	무엇	what	什么	何	cái gì
	생일	birthday	生日	誕生日	sinh nhật
	선물	present	礼物	プレゼント	quà tặng
	누구	who	谁	誰	ai
	백화점	department store	百货商店	デパート	trung tâm thương mại
	옷	clothes	衣服	服	quần áo
	사다	to buy	买	買う	mua
	신발	shoes	鞋子	靴	giày
	언제	when	什么时候	いつ	khi nào
	주말	weekend	周末	週末	cuối tuần
	어디	where	哪里	どこ	ở đâu
4	무슨	what kind of	什么样的	何の	gì, cái gì
	좋아하다	to like	喜欢	好きだ	thích
	축구	soccer	足球	サッカー	bóng đá
	체육관	gym	体育馆	体育館	nhà thi đấu, phòng tập thể dục
	지하철	subway	地铁	地下鉄	tàu điện ngầm
	어떻게	how	怎么样	どうやって	như thế nào, bằng cách nào
	몇	how many	几个	何	mấy
	왜	why	为什么	なぜ	tại sao
	얼마나	how much/long	多久/多长/多大	どれくらい	bao lâu, bao nhiêu

문제 번호	어휘	영어	중국어	일본어	베트남어
5	죄송하다	to be sorry	对不起	申し訳ない	xin lỗi
	고맙다	to be thankful	谢谢	ありがたい	cảm ơn
	괜찮다	It's okay	没关系	大丈夫だ	ổn
	반갑다	to be pleased to do	很高兴见到你	嬉しい	Hân hạnh
	안녕히 계세요	Goodbye (to the person staying)	再见（对长辈或离开的人说）	さようなら（その場にとどまる人へ）	Tạm biệt (nói với người ở lại)
	오랜만이다	Long time no see	好久不见	お久しぶりです	Lâu rồi không gặp
	안녕히 가세요	Goodbye (to the person leaving)	再见（对晚辈或将要离开的人说）	さようなら（立ち去る人へ）	Tạm biệt (nói với người đi)
	맛있게 드세요	Enjoy your meal	请慢用	どうぞ召し上がりください	Chúc ngon miệng
	처음 뵙겠습니다	How do you do?	初次见面	初めまして	Rất hân hạnh được gặp bạn (lần đầu)
	만나서 반갑습니다	Nice to meet you	很高兴见到你	お会いできて嬉しいです	Rất vui được gặp bạn
	잘 있어요	Take care	再见（对同辈或平辈说）	元気でね	Tạm biệt (không trang trọng)
	미안하다	to be sorry	对不起	すまない	xin lỗi (không trang trọng)
	많이 드세요	Eat a lot	请多吃点	たくさん召し上がってください	Ăn nhiều nhé
	잘 먹었습니다	I ate well	我吃饱了	ごちそうさまでした	Tôi đã ăn ngon miệng lắm (sau khi ăn)
	감사합니다	to appreciate	谢谢	ありがとうございます	cảm ơn (trang trọng)
	축하하다	to congratulate	祝贺	祝う	chúc mừng
6	연필	pencil	铅笔	鉛筆	bút chì
	빌려주다	to lend	借给	貸す	cho mượn
	잠깐만 기다리세요	Please wait	请稍等	少々お待ちください	Xin vui lòng đợi một chút
	사진	a moment	照片	写真	ảnh
	찍다	to take pictures	照	撮る	chụp ảnh

유형 2

전체 내용 이해하기
Understanding the overall content

---

1 장소 찾기 Finding the location
　토픽 I 듣기 7, 8, 9, 10번 문제

2 화제 찾기 Finding the topic
　토픽 I 듣기 11, 12, 13, 14, 27번 문제

3 알맞은 그림 찾기 Finding the correct picture
　토픽 I 듣기 15, 16번 문제

4 중심 생각 찾기 Finding the main idea
　토픽 I 듣기 22, 23, 24, 25, 29번 문제

유형2 표현 익히기 Type2 Learning expressions

 장소 찾기 Finding the location

【 토픽Ⅰ 7번 문제 A 】

- 장소 명사를 정확하게 이해해야 한다. You need to accurately understand the nouns that indicate places.
- 해당 장소와 관련이 있는 단어를 알아야 한다. You need to know words related to the place.
- 해당 장소에서 자주 하는 대화를 알아야 한다. You need to know conversations that frequently take place in that place.

※ [7~10] 여기는 어디입니까? 〈보기〉와 같이 알맞은 것을 고르십시오.   Track 20

〈 보 기 〉

가: 뭘 드릴까요?

나: 비빔밥 하나하고 김치찌개 이 인분 주세요.

① 서점   ❷ 식당   ③ 편의점   ④ 백화점

7. (3점)

① 식당   ② 가게   ③ 교실   ④ 약국

풀이 explanation

두 사람은 화장품 가게에서 이야기하고 있다. 각 선택지와 관련된 대화는 다음과 같다.

① 식당
남자: 무엇을 드릴까요?
여자: 비빔밥 하나 주세요.
② 가게
남자: 뭘 드릴까요?
여자: 부모님께 드릴 화장품을 사려고 하는데요.
③ 교실
남자: 선생님, 오늘 숙제가 있어요?
여자: 네. 오늘 배운 단어로 문장을 만들어 오세요.
④ 약국
남자: 소화제 주세요.
여자: 네. 여기 있습니다.

Two people are talking in a cosmetics store. Here are the conversations related to each answer choice.

① restaurant
M: What would you like to order?
W: I'd like one bibimbap, please.
② store
M: What can I help you with?
W: I'm looking to buy cosmetics for my parents.
③ classroom
M: Teacher, do we have homework today?
W: Yes. Please make sentences with the words we learned today.
④ pharmacy
M: I'd like some digestive medicine, please.
W: Okay. Here it is.

정답 answer ②

【토픽I 7번 문제 B】

> **전략 strategy**
>
> - 장소 명사를 정확하게 이해해야 한다. You need to accurately understand the nouns that indicate places.
> - 해당 장소와 관련이 있는 단어를 알아야 한다. You need to know words related to the place.
> - 해당 장소에서 자주 하는 대화를 알아야 한다. You need to know conversations that frequently take place in that place.

※ [7~10] 여기는 어디입니까? 〈보기〉와 같이 알맞은 것을 고르십시오.    Track 21

―――――――〈 보 기 〉―――――――

가: 뭘 드릴까요?

나: 비빔밥 하나하고 김치찌개 이 인분 주세요.

① 서점   ❷ 식당   ③ 편의점   ④ 백화점

7. (3점)

① 꽃집   ② 빵집   ③ 옷 가게   ④ 과일 가게

> **풀이 explanation**
>
> 두 사람은 꽃집에서 이야기하고 있다. 각 선택지와 관련된 대화는 다음과 같다.
>
> ① 꽃집
>   남자: 장미꽃 10송이 주세요.
>   여자: 네. 잠깐만 기다리세요.
> ② 빵집
>   남자: 뭘 드릴까요?
>   여자: 이 딸기 케이크를 주세요.
> ③ 옷 가게
>   남자: 바지 좀 보여 주세요.
>   여자: 여기 있습니다.
> ④ 과일 가게
>   남자: 이 사과는 얼마예요?
>   여자: 한 개에 2,000원입니다.
>
> Two people are talking in a flower shop. Here are the conversations related to each answer choice.
>
> ① flower shop
>   M: Please give me 10 roses.
>   W: Okay. Please wait a moment.
> ② bakery
>   M: What can I get for you?
>   W: I'll take this strawberry cake, please.
> ③ clothing store
>   M: Please show me some pants.
>   W: Here they are.
> ④ fruit store
>   M: How much are these apples?
>   W: They are 2,000 won each.

정답 answer ①

☑ 추가 학습 Additional Learning ◁€ Track 22

쇼핑 장소와 관련된 표현을 공부해 봅시다. Let's study expressions related to shopping places.

1. 백화점 department store

남자: 남자 신발은 어디에 있어요? Where are the men's shoes?

여자: 4층으로 가세요. Go to the 4th floor.

남자: 7층에 가면 아이들 옷을 살 수 있어요.
You can buy children's clothes if you go to the 7th floor.

여자: 그래요? 그럼 7층에 갈까요? Really? Then shall we go to the 7th floor?

2. 시장 market

남자: 가게가 정말 많아요. There are so many stores.

여자: 여기는 백화점보다 싸서 좋아요.
I like it here because it's cheaper than a department store.

남자: 과일 가게도 있고 옷 가게도 있네요. There are fruit stores and clothing stores too.

여자: 저쪽에는 음식도 있어요. There's also food over there.

3. 편의점 convenience store

남자: 음료수는 어디에 있어요? Where are the drinks?

여자: 안쪽 냉장고에 있어요. They're in the refrigerator inside.

남자: 뭘 사요? What are you buying?

여자: 컵라면하고 커피를 사요. I'm buying cup noodles and coffee.

4. 옷 가게 clothing store

남자: 반바지는 어디에 있어요? Where are the shorts?
여자: 이쪽으로 오세요. Come this way.

여자: 이 치마는 얼마예요? How much is this skirt?
남자: 5만 원입니다. It's 50,000 won.

5. 과일 가게 fruit store

여자: 뭘 드릴까요? What can I get for you?
남자: 사과 5개 주세요. Please give me 5 apples.

여자: 요즘 딸기가 아주 맛있어요. Strawberries are very delicious these days.
남자: 그럼, 딸기를 주세요. Then, please give me strawberries.

연습합시다! Let's practice

(백화점)

여자: 여자 옷은 몇 층에 있어요?
남자: _____.

★ 답안 예시 answer example
→ 3층에 있어요.

 장소 찾기 Finding the location

【토픽 I 8번 문제 A】

- 장소 명사를 정확하게 이해해야 한다. You need to accurately understand the nouns that indicate places.
- 해당 장소와 관련이 있는 단어를 알아야 한다. You need to know words related to the place.
- 해당 장소에서 자주 하는 대화를 알아야 한다. You need to know conversations that frequently take place in that place.

※ [7~10] 여기는 어디입니까? 〈보기〉와 같이 알맞은 것을 고르십시오. 📢 Track 23

〈 보 기 〉

가: 뭘 드릴까요?
나: 비빔밥 하나하고 김치찌개 이 인분 주세요.

① 서점   ❷ 식당   ③ 편의점   ④ 백화점

8. (3점)

① 공항   ② 미용실   ③ 노래방   ④ 도서관

풀이 explanation

두 사람은 노래방에서 이야기하고 있다. 각 선택지와 관련된 대화는 다음과 같다.

① 공항
  여자: 비행기표를 보여 주세요.
  남자: 네, 여기 있습니다.
② 미용실
  여자: 어떻게 해 드릴까요?
  남자: 좀 짧게 잘라 주세요.
③ 노래방
  여자: 한 곡만 더 부르고 갈까요?
  남자: 네, 좋아요.
④ 도서관
  여자: 여기에 자주 오세요?
  남자: 조용하고 책도 많아서 자주 와요.

Two people are talking at a karaoke room. Here are the conversations related to each answer choice.

① airport
  W: Please show me your flight ticket.
  M: Okay, here it is.
② hair salon
  W: How would you like your hair done?
  M: Please cut it a bit short.
③ karaoke room
  W: Shall we sing one more song before we go?
  M: Yes, that sounds good.
④ library
  W: Do you come here often?
  M: It's quiet and there are a lot of books, so I come here often.

정답 answer ③

【토픽Ⅰ 8번 문제 B】

- 장소 명사를 정확하게 이해해야 한다. You need to accurately understand the nouns that indicate places.
- 해당 장소와 관련이 있는 단어를 알아야 한다. You need to know words related to the place.
- 해당 장소에서 자주 하는 대화를 알아야 한다. You need to know conversations that frequently take place in that place.

※ [7~10] 여기는 어디입니까? 〈보기〉와 같이 알맞은 것을 고르십시오.   🔊 Track 24

〈보 기〉

가: 뭘 드릴까요?

나: 비빔밥 하나하고 김치찌개 이 인분 주세요.

① 서점   ❷ 식당   ③ 편의점   ④ 백화점

8. (3점)

① 공원   ② 은행   ③ 극장   ④ 여행사

풀이 explanation

두 사람은 영화를 보러 극장에 와서 이야기하고 있다. 각 선택지와 관련된 대화는 다음과 같다.

① 공원
 여자: 산책을 하는 사람들이 많네요.
 남자: 네. 나무가 많아서 좋지요?
② 은행
 여자: 통장을 만들고 싶어요.
 남자: 네. 이쪽으로 오세요.
③ 극장
 여자: 영화를 보러 온 사람이 많네요.
 남자: 요즘 이 영화가 아주 인기가 있어요.
④ 여행사
 여자: 신혼여행을 예약하려고 하는데요.
 남자: 네. 어디로 가실 계획이에요?

Two people are at the theater to watch a movie and are talking. Here are the conversations related to each answer choice.

① park
 W: There are a lot of people taking a walk.
 M: Yes. Isn't it nice that there are many trees?
② bank
 W: I want to open an account.
 M: Okay. Come this way.
③ theater
 W: There are a lot of people here to watch the movie.
 M: This movie is very popular these days.
④ travel agency
 W: I'd like to book a honeymoon trip.
 M: Okay. Where are you planning to go?

정답 answer ③

☑ 추가 학습 Additional Learning 　　　　　　　　　　🔊 Track 25
편의시설과 관련된 표현을 공부해 봅시다. Let's study expressions related to convenience facilities.

1. 식당 restaurant

여자: 뭘 드시겠어요? What would you like to eat?

남자: 불고기 2인분 주세요. Please give me 2 servings of bulgogi.

여자: 무슨 음식이 맛있어요? What food is delicious?

남자: 여기는 비빔밥이 아주 맛있어요. The bibimbap here is very delicious.

2. 공원 park

여자: 꽃이 예뻐요. The flowers are pretty.

남자: 저쪽에 호수도 있어요. There's a lake over there too.

여자: 나무도 많고 공기도 좋아요. There are many trees and the air is good.

남자: 저는 자주 산책하러 와요. I often come here for walks.

3. 극장 theater

여자: 영화를 좋아해요? Do you like movies?

남자: 네. 영화 보러 자주 와요. Yes, I come to watch movies often.

여자: 영화가 시작돼요. The movie is starting.

남자: 재미있을 것 같아요. It looks like it'll be fun.

4. **빨래방** laundromat

여자: 여기에 자주 와요? Do you come here often?

남자: 네. 원룸에 세탁기가 없어요. Yes, there's no washing machine in my studio apartment.

여자: 빨래가 많네요. You have a lot of laundry.

남자: 지난주에 세탁을 못 했어요. I couldn't do laundry last week.

5. **미용실** hair salon

여자: 너무 짧지 않게 잘라 주세요. Please don't cut it too short.

남자: 네. 알겠습니다. Okay, I understand.

여자: 염색하고 싶어요. I want to dye my hair.

남자: 무슨 색으로 염색하고 싶어요? What color do you want to dye it?

연습합시다! Let's practice

(미용실)

여자: 어떻게 해 드릴까요?

남자: _____.

★답안 예시 answer example

→ 짧게 잘라 주세요.

1 장소 찾기 Finding the location

【토픽Ⅰ 9번 문제 】

전략 strategy

- 장소 명사를 정확하게 이해해야 한다. You need to accurately understand the nouns that indicate places.
- 해당 장소와 관련이 있는 단어를 알아야 한다. You need to know words related to the place.
- 해당 장소에서 자주 하는 대화를 알아야 한다. You need to know conversations that frequently take place in that place.

※ [7~10] 여기는 어디입니까? 〈보기〉와 같이 알맞은 것을 고르십시오. 🔊 Track 26

─〈보 기〉─

가: 뭘 드릴까요?
나: 비빔밥 하나하고 김치찌개 이 인분 주세요.

① 서점　　❷ 식당　　③ 편의점　　④ 백화점

9. (3점)

① 교실　　② 서점　　③ 극장　　④ 은행

풀이 explanation

두 사람은 서점에서 이야기하고 있다. 각 선택지와 관련된 대화는 다음과 같다.

① 교실
　남자: 숙제를 했어요?
　여자: 네, 선생님. 다 했어요.
② 서점
　남자: 소설책은 어디에 있어요?
　여자: 저쪽에 있어요.
③ 극장
　남자: 영화가 정말 재미있어요.
　여자: 네. 다음에 또 보러 와요.
④ 은행
　남자: 통장을 만들고 싶어요.
　여자: 잠깐만 기다리세요.

Two people are talking at a bookstore. Here are the conversations related to each answer choice.

① classroom
　M: Did you do your homework?
　W: Yes, teacher. I finished it all.
② bookstore
　M: Where are the novels?
　W: They are over there.
③ theater
　M: The movie was really fun.
　W: Yes. Let's come see it again next time.
④ bank
　M: I want to open an account.
　W: Please wait a moment.

정답 answer ②

【토픽I 9번 문제 B】

> **전략 strategy**
>
> - 장소 명사를 정확하게 이해해야 한다. You need to accurately understand the nouns that indicate places.
> - 해당 장소와 관련이 있는 단어를 알아야 한다. You need to know words related to the place.
> - 해당 장소에서 자주 하는 대화를 알아야 한다. You need to know conversations that frequently take place in that place.

※ [7~10] 여기는 어디입니까? 〈보기〉와 같이 알맞은 것을 고르십시오.  Track 27

―〈보 기〉―

가: 뭘 드릴까요?

나: 비빔밥 하나하고 김치찌개 이 인분 주세요.

① 서점   ❷ 식당   ③ 편의점   ④ 백화점

9. (3점)

① 문구점   ② 백화점   ③ 도서관   ④ 정류장

> **풀이 explanation**
>
> 두 사람은 문구점에서 이야기하고 있다. 각 선택지와 관련된 대화는 다음과 같다.
>
> ① 문구점
>   남자: 뭘 사러 왔어요?
>   여자: 공책하고 연필을 사러 왔어요.
> ② 백화점
>   남자: 구두는 몇 층에 있어요?
>   여자: 4층에 있어요.
> ③ 도서관
>   남자: 무슨 책을 빌려요?
>   여자: 한국 역사책을 빌려요.
> ④ 정류장
>   남자: 몇 번 버스를 타야 해요?
>   여자: 272번 버스요. 아, 저기 오네요.
>
> Two people are talking at a stationery store. Here are the conversations related to each answer choice.
>
> ① stationery store
>   M: What did you come to buy?
>   W: I came to buy a notebook and pencils.
> ② department store
>   M: What floor are the shoes on?
>   W: They're on the 4th floor.
> ③ library
>   M: What book are you borrowing?
>   W: I'm borrowing a Korean history book.
> ④ bus stop
>   M: Which bus number should I take?
>   W: Bus number 272. Oh, there it is.

정답 answer ①

유형 ❷ 전체 내용 이해하기

☑ 추가 학습 Additional Learning 🔊 Track 28

학교와 관련된 표현을 공부합시다. Let's study expressions related to school facilities.

1. 교실 classroom

남자: 오늘은 몇 과를 공부해요? What lesson are we studying today?
여자: 4과예요. 선생님이 오시네요. It's lesson 4. The teacher is coming.

남자: 한국말이 어려워요? Is Korean difficult?
여자: 네, 선생님. 너무 어려워요. Yes, teacher. It's too difficult.

2. 도서관 library

남자: 여기에 자주 와요? Do you come here often?
여자: 네. 조용하고 책도 많아서 자주 와요.
　　　Yes, I come here often because it's quiet and there are a lot of books.

남자: 한국 역사책은 어디에 있어요? Where are the Korean history books?
여자: 3층에 있어요. They're on the 3rd floor.

3. 서점 bookstore

남자: 무슨 책을 사러 왔어요? What kind of book did you come to buy?
여자: 한국어 교과서를 사러 왔어요. I came to buy a Korean textbook.

남자: 사전을 사러 왔는데요. I came to buy a dictionary.
여자: 네. 이쪽으로 오세요. Okay. Come this way.

4. **운동장** playground

남자: 축구하는 사람들이 많네요. There are a lot of people playing soccer.

여자: 네. 운동하러 사람들이 많이 와요. Yes, a lot of people come here to exercise.

남자: 여기는 정말 넓어서 좋네요. It's really nice here because it's so spacious.

여자: 아이들이 축구도 하고 농구도 하지요. The kids play soccer and basketball, right?

5. **문구점** stationery store

남자: 뭘 사러 왔어요? What did you come to buy?

여자: 필통과 공책을 사러 왔어요. I came to buy a pencil case and a notebook.

남자: 저는 공책을 좀 사야겠어요. I need to buy some notebooks.

여자: 저는 지우개와 연필을 사고 싶어요. I want to buy an eraser and pencils.

 연습합시다! Let's practice

(도서관)

남자: 수미 씨는 여기에 자주 와요?

여자: _____.

*답안 예시 answer example

→ 네. 책도 빌리고 공부도 할 수 있어서 자주 와요.

1 장소 찾기 Finding the location

【토픽 I 10번 문제 】

전략 strategy

- 장소 명사를 정확하게 이해해야 한다. You need to accurately understand the nouns that indicate places.
- 해당 장소와 관련이 있는 단어를 알아야 한다. You need to know words related to the place.
- 해당 장소에서 자주 하는 대화를 알아야 한다. You need to know conversations that frequently take place in that place.

※ [7~10] 여기는 어디입니까? 〈보기〉와 같이 알맞은 것을 고르십시오.　　🔊 Track 29

〈 보 기 〉

가: 뭘 드릴까요?
나: 비빔밥 하나하고 김치찌개 이 인분 주세요.

① 서점　　❷ 식당　　③ 편의점　　④ 백화점

10. (4점)

① 가게　　② 학교　　③ 병원　　④ 공항

풀이 explanation

두 사람이 병원에서 증상에 대해서 이야기하고 있다. 각 선택지와 관련된 대화는 다음과 같다.

① 가게
　여자: 어서 오세요. 뭘 드릴까요?
　남자: 사과 5개 주세요.
② 학교
　여자: 도서관이 어디에 있어요?
　남자: 학생회관 앞에 있어요.
③ 병원
　여자: 어디가 아프세요?
　남자: 어제부터 열이 많이 나요.
④ 공항
　여자: 비행기표를 보여 주세요.
　남자: 여기 있습니다.

Two people are talking about symptoms at the hospital. Here are the conversations related to each answer choice.

① store
　W: Welcome. What can I get for you?
　M: Please give me 5 apples.
② school
　W: Where is the library?
　M: It's in front of the student union building.
③ hospital
　W: Where does it hurt?
　M: I've had a high fever since yesterday.
④ airport
　W: Please show me your flight ticket.
　M: Here it is.

정답 answer ③

【토픽I 10번 문제 】

전략 strategy

- 장소 명사를 정확하게 이해해야 한다. You need to accurately understand the nouns that indicate places.
- 해당 장소와 관련이 있는 단어를 알아야 한다. You need to know words related to the place.
- 해당 장소에서 자주 하는 대화를 알아야 한다. You need to know conversations that frequently take place in that place.

※ [7~10] 여기는 어디입니까? 〈보기〉와 같이 알맞은 것을 고르십시오. 🔊 Track 30

〈보 기〉

가: 뭘 드릴까요?
나: 비빔밥 하나하고 김치찌개 이 인분 주세요.

① 서점　　❷ 식당　　③ 편의점　　④ 백화점

10. (4점)

① 은행　　② 회사　　③ 빵집　　④ 식당

풀이 explanation

은행원이 돈을 바꾸러 온 손님과 은행에서 이야기를 하고 있다. 각 선택지와 관련된 대화는 다음과 같다.

① 은행
여자: 돈을 바꾸러 왔어요.
남자: 어느 나라 돈으로 바꿀 거예요?
② 회사
여자: 어디에 가요?
남자: 회의하러 회의실에 가요.
③ 빵집
여자: 뭐가 맛있어요?
남자: 이 빵이 정말 맛있어요.
④ 식당
여자: 뭘 드릴까요?
남자: 비빔밥 하나 주세요.

A bank teller is talking to a customer who came to the bank to exchange money. Here are a few dialogues related to each choice.

① bank
W: I'm here to exchange money.
M: What currency do you want to exchange it for?
② company
W: Where are you going?
M: I'm going to the meeting room for a meeting.
③ bakery
W: What's delicious?
M: This bread is really delicious.
④ restaurant
W: What can I get for you?
M: Please give me one bibimbap.

정답 answer ①

☑ 추가 학습 Additional Learning 　　　　　　　📢 Track 31

공공기관과 관련된 표현을 공부합시다. Let's study expressions related to public institutions.

1. 병원 hospital

여자: 어디가 아파요? Where does it hurt?
남자: 어제부터 머리가 너무 아파요. I've had a terrible headache since yesterday.

여자: 열이 나고 배가 너무 아파요. I have a fever and a stomachache.
남자: 어디 봅시다. Let's take a look.

2. 약국 pharmacy

여자: 식사 후에 약을 드세요. Please take the medicine after meals.
남자: 네. 알겠습니다. Okay, I understand.

여자: 소화제를 주세요. I'd like some digestive medicine, please.
남자: 여기 있습니다. Here you go.

3. 은행 bank

여자: 통장을 만들고 싶어요. I want to open an account.
남자: 잠깐만 기다리세요. Please wait a moment.

여자: 어떻게 오셨어요? How can I help you?
남자: 환전을 하려고요. I'd like to exchange some currency.

4. 우체국 post office

여자: 미국으로 소포를 보내려고 해요. I want to send a parcel to the US.
남자: 여기에 올리세요. Please put it on the scale.

여자: 우표 2장 주세요. Please give me two stamps.

남자: 여기 있습니다. Here you go.

5. 공항 airport

여자: 비행기가 몇 시에 도착해요? What time does the plane arrive?

남자: 5시에요. 곧 도착할 거예요. At 5 o'clock. It will be arriving soon.

여자: 비행기표를 보여 주세요. Please show me your flight ticket.

남자: 네. 여기 있습니다. Okay, here it is.

6. 역 station

여자: 지하철이 언제 와요? When does the subway come?

남자: 지금 오네요. It's coming now.

여자: 여기에서 부산으로 가는 기차를 타요? Do I take the train to Busan from here?

남자: 아니요. 저쪽으로 가야 해요. No, you have to go that way.

7. 정류장 bus stop

여자: 이 버스는 시청에 가요? Does this bus go to City Hall?

남자: 아니요. 가지 않아요. No, it doesn't.

여자: 272번 버스가 오네요. Bus number 272 is coming.

남자: 저 버스를 타요? Do we take that bus?

연습합시다! Let's practice

(정류장)

여자: 여기에 시청에 가는 버스가 있어요?

남자: _____.

★ 답안 예시 answer example

→ 네. 171번 버스를 타시면 돼요.

2 화제 찾기 Finding the topic

【토픽I 11번 문제 】

전략 strategy

- 두 사람의 대화를 정확하게 이해해야 한다. You need to understand the conversation between the two people accurately.
- 무엇에 대해 이야기하는지 잘 알아야 한다. You need to know what they are talking about.

※ [11~14] 다음은 무엇에 대해 말하고 있습니까? 〈보기〉와 같이 알맞은 것을 고르십시오. 🔊 Track 32

―〈보 기〉―

가: 동생이 있어요?
나: 아니요. 언니만 있어요.

① 고향   ② 나이   ❸ 가족   ④ 나라

11. (3점)

① 나이   ② 이름   ③ 직업   ④ 가족

풀이 explanation

두 사람은 직업에 대해서 이야기하고 있다. 각 선택지와 관련된 대화는 다음과 같다.

① 나이
 남자: 몇 살이에요?
 여자: 22살이에요.
② 이름
 남자: 이름이 뭐예요?
 여자: 이수미예요.
③ 직업
 남자: 무슨 일을 하세요?
 여자: 저는 회사원이에요.
④ 가족
 남자: 언니가 있어요?
 여자: 아니요. 동생이 한 명 있어요.

Two people are talking about their jobs. Here are the conversations related to each answer choice.

① age
 M: How old are you?
 W: I'm 22 years old.
② name
 M: What's your name?
 W: I'm Sumi Lee.
③ occupation
 M: What do you do?
 W: I'm an office worker.
④ family
 M: Do you have an older sister?
 W: No, I have one younger brother.

정답 answer ③

【토픽I 11번 문제 B】

- 두 사람의 대화를 정확하게 이해해야 한다. You need to understand the conversation between the two people accurately.
- 무엇에 대해 이야기하는지 잘 알아야 한다. You need to know what they are talking about.

※ [11~14] 다음은 무엇에 대해 말하고 있습니까? 〈보기〉와 같이 알맞은 것을 고르십시오. 🔊 Track 33

〈보 기〉

가: 동생이 있어요?

나: 아니요. 언니만 있어요.

① 고향　　　② 나이　　　❸ 가족　　　④ 나라

11. (3점)

① 시간　　　② 날씨　　　③ 날짜　　　④ 국적

풀이 explanation

두 사람은 국적에 대해서 이야기하고 있다. 각 선택지와 관련된 대화는 다음과 같다.

① 시간
　남자: 지금 몇 시예요?
　여자: 2시 10분이에요.
② 날씨
　남자: 오늘은 추워요?
　여자: 네. 좀 추워요.
③ 날짜
　남자: 오늘이 며칠이에요?
　여자: 5월 3일이에요.
④ 국적
　남자: 어느 나라 사람이에요?
　여자: 중국 사람이에요.

Two people are talking about nationality. Conversations related to each answer choice are as follows.

① time
　M: What time is it now?
　W: It's 2:10.
② weather
　M: Is it cold today?
　W: Yes, it's a bit cold.
③ date
　M: What's the date today?
　W: It's May 3rd.
④ nationality
　M: What country are you from?
　W: I'm from China.

정답 answer ④

☑ 추가 학습 Additional Learning　　　　　　　　　　🔊 Track 34

자기소개와 관련된 표현을 공부합시다. Let's study expressions related to self-introductions.

1. **가족** family: 할아버지 grandfather, 할머니 grandmother, 아버지 father, 어머니 mother, 형 older brother, 누나 older sister, 오빠 older brother (used by females), 언니 older sister (used by females), 동생 younger sibling

남자: 부모님이 어디에 계세요? Where are your parents?

여자: 아버지는 미국에 계세요. 어머니는 지금 한국에 계세요.
　　　My father is in the US. My mother is currently in Korea.

남자: 언니가 있어요? Do you have an older sister?

여자: 아니요. 오빠가 한 명 있어요. No, I have an older brother.

2. **친척** relatives: 삼촌 uncle, 숙모 aunt, 고모 paternal aunt, 이모 maternal aunt, 사촌 cousin

남자: 삼촌이 있어요? Do you have an uncle?

여자: 네. 삼촌이 두 명 있어요. Yes, I have two uncles.

남자: 서울에 고모가 계세요? Do you have an aunt in Seoul?

여자: 네. 고모와 이모가 계세요. Yes, I have a paternal aunt and a maternal aunt.

3. **직업** occupation: 회사원 office worker, 은행원 bank teller, 의사 doctor, 간호사 nurse, 선생님 teacher, 가수 singer, 요리사 chef

남자: 회사원이에요? Are you an office worker?

여자: 아니요. 저는 은행원이에요. No, I'm a bank teller.

남자: 무슨 일을 하세요? What do you do?

여자: 저는 선생님이에요. I'm a teacher.

4. **국적** nationality: 미국 USA, 영국 England, 일본 Japan, 중국 China, 태국 Thailand, 호주 Australia, 베트남 Vietnam, 프랑스 France

남자: 어느 나라 사람이에요? What country are you from?
여자: 영국 사람이에요. I'm from England.

남자: 어느 나라에서 왔어요? Which country are you from?
여자: 태국에서 왔어요. I'm from Thailand.

 연습합시다! Let's practice

(가족)
남자: 동생이 있어요?
여자: _____.

★답안 예시 answer example
→ 네. 여동생이 한 명 있어요.

2 화제 찾기 Finding the topic

【토픽I 12번 문제 】

전략 strategy

- 두 사람의 대화를 정확하게 이해해야 한다. You need to understand the conversation between the two people accurately.
- 무엇에 대해 이야기하는지 잘 알아야 한다. You need to know what they are talking about.

※ [11~14] 다음은 무엇에 대해 말하고 있습니까? 〈보기〉와 같이 알맞은 것을 고르십시오. 🔊 Track 35

〈보 기〉

가: 동생이 있어요?
나: 아니요. 언니만 있어요.

① 고향   ② 나이   ❸ 가족   ④ 나라

12. (3점)

① 날짜   ② 운동   ③ 여행   ④ 요일

풀이 explanation

두 사람은 날짜에 대해서 이야기하고 있다. 각 선택지와 관련된 대화는 다음과 같다.

① 날짜
  여자: 생일이 언제예요?
  남자: 7월 16일이에요.
② 운동
  여자: 저는 수영을 좋아해요.
  남자: 저는 야구를 좋아해요.
③ 여행
  여자: 어디에 가요?
  남자: 가족들과 부산에 놀러 가요.
④ 요일
  여자: 오늘이 무슨 요일이에요?
  남자: 금요일이에요.

Two people are talking about dates. Here are the conversations related to each answer choice.

① date
  W: When is your birthday?
  M: It's July 16th.
② exercise
  W: I like swimming.
  M: I like baseball.
③ travel
  W: Where are you going?
  M: I'm going to Busan with my family.
④ day of the week
  W: What day is it today?
  M: It's Friday.

정답 answer ①

【토픽I 12번 문제 B】

> 전략 strategy
> - 두 사람의 대화를 정확하게 이해해야 한다. You need to understand the conversation between the two people accurately.
> - 무엇에 대해 이야기하는지 잘 알아야 한다. You need to know what they are talking about.

※ [11~14] 다음은 무엇에 대해 말하고 있습니까? 〈보기〉와 같이 알맞은 것을 고르십시오.  Track 36

───〈보 기〉───
가: 동생이 있어요?
나: 아니요. 언니만 있어요.

① 고향   ② 나이   ❸ 가족   ④ 나라

12. (3점)

① 날씨   ② 공부   ③ 시험   ④ 휴일

> 풀이 explanation
>
> 두 사람은 휴일에 대해서 이야기하고 있다. 각 선택지와 관련된 대화는 다음과 같다.
>
> ① 날씨
>   여자: 오늘은 좀 추워요.
>   남자: 바람도 많이 불어요.
> ② 공부
>   여자: 한국말 공부가 어때요?
>   남자: 좀 어렵지만 재미있어요.
> ③ 시험
>   여자: 뭐가 제일 어려웠어요?
>   남자: 말하기 시험이 어려웠어요.
> ④ 휴일
>   여자: 오늘 학교에 안 가요?
>   남자: 네. 오늘은 한글날이어서 수업이 없어요.
>
> Two people are talking about holidays. Here are the conversations related to each answer choice.
>
> ① weather
>   W: It's a bit cold today.
>   M: The wind is blowing a lot too.
> ② study
>   W: How is your Korean study going?
>   M: It's a bit difficult but fun.
> ③ exam
>   W: What was the most difficult?
>   M: The speaking test was difficult.
> ④ holiday
>   W: Aren't you going to school today?
>   M: No, there are no classes today because it's Hangeul Day.

정답 answer ④

☑ 추가 학습 Additional Learning 　　　　　　　　　　　　　📢 Track 37

시간과 관련된 표현을 공부합시다. Let's study time-related expressions.

1. **날짜** date: 년 year, 월 month, 일 day

   여자: 오늘이 몇 월 며칠이에요? What's the date today?
   남자: 오늘은 3월 5일이에요. Today is March 5th.

   여자: 결혼식이 언제예요? When is the wedding?
   남자: 10월 25일이에요. It's on October 25th.

2. **요일** days of the week: 월요일 Monday, 화요일 Tuesday, 수요일 Wednesday, 목요일 Thursday, 금요일 Friday, 토요일 Saturday, 일요일 Sunday

   여자: 오늘이 무슨 요일이에요? What day is it today?
   남자: 오늘은 금요일이에요. Today is Friday.

   여자: 학교에 안 가요? Aren't you going to school?
   남자: 네? 오늘은 토요일이에요. Huh? Today is Saturday.

3. **시간** time: 시 hour, 분 minute

   여자: 지금 몇 시예요? What time is it now?
   남자: 2시 10분이에요. It's 2:10.

   여자: 보통 아침에 몇 시에 일어나요? What time do you usually wake up in the morning?
   남자: 7시쯤 일어나요. I wake up around 7 o'clock.

4. 휴일 holidays : 방학 vacation, 휴가 holiday

여자: 7월은 수업이 없어요. There are no classes in July.
남자: 방학이에요? Is it vacation?

여자: 10월에는 쉬는 날이 많네요. There are many days off in October.
남자: 그래서 사람들이 여행을 많이 가요. That's why people travel a lot.

 연습합시다! Let's practice

여자: 오늘이 며칠이에요?
남자: _____.

★ 답안 예시 answer example
→ 오늘은 10월 5일이에요.

2 화제 찾기 Finding the topic

【토픽I 13번 문제 】

전략 strategy

- 두 사람의 대화를 정확하게 이해해야 한다. You need to understand the conversation between the two people accurately.
- 무엇에 대해 이야기하는지 잘 알아야 한다. You need to know what they are talking about.

※ [11~14] 다음은 무엇에 대해 말하고 있습니까? 〈보기〉와 같이 알맞은 것을 고르십시오. 🔊 Track 38

―〈보 기〉―

가: 동생이 있어요?

나: 아니요. 언니만 있어요.

① 고향   ② 나이   ❸ 가족   ④ 나라

13. (4점)

① 직업   ② 휴일   ③ 취미   ④ 운동

풀이 explanation

두 사람은 취미에 대해서 이야기하고 있다. 각 선택지와 관련된 대화는 다음과 같다.

① 직업
 남자: 무슨 일을 해요?
 여자: 저는 은행원이에요.
② 휴일
 남자: 박물관은 월요일에 쉬어요?
 여자: 네. 월요일마다 쉬어요.
③ 취미
 남자: 저는 영화를 좋아해요. 수미 씨는요?
 여자: 저는 수영을 좋아해요.
④ 운동
 남자: 저는 축구를 좋아해요. 수미 씨는요?
 여자: 저는 수영을 좋아해요.

Two people are talking about hobbies. Here are the conversations related to each answer choice.

① job
 M: What do you do?
 W: I'm a bank teller.
② holidays
 M: Is the museum closed on Mondays?
 W: Yes, it's closed every Monday.
③ hobby
 M: I like movies. How about you, Sumi?
 W: I like swimming.
④ exercise
 M: I like soccer. How about you, Sumi?
 W: I like swimming.

정답 answer ③

【토픽I 13번 문제 B】

- 두 사람의 대화를 정확하게 이해해야 한다. You need to understand the conversation between the two people accurately.
- 무엇에 대해 이야기하는지 잘 알아야 한다. You need to know what they are talking about.

※ [11~14] 다음은 무엇에 대해 말하고 있습니까? 〈보기〉와 같이 알맞은 것을 고르십시오. 📢 Track 39

―――――― 〈보 기〉 ――――――

가: 동생이 있어요?

나: 아니요. 언니만 있어요.

① 고향 ② 나이 ❸ 가족 ④ 나라

13. (4점)

① 여행 ② 위치 ③ 교통 ④ 날짜

풀이 explanation

두 사람은 부산 여행에 대해서 이야기하고 있다. 각 선택지와 관련된 대화는 다음과 같다.

① 여행
 남자: 부산에서 뭐 했어요?
 여자: 바다를 구경했어요. 맛있는 음식도 많이 먹고요.
② 위치
 남자: 도서관이 어디에 있어요?
 여자: 학생회관 앞에 있어요.
③ 교통
 남자: 부산에 어떻게 갔어요?
 여자: 비행기로 갔어요.
④ 날짜
 남자: 언제 부산에 갔어요?
 여자: 지난 주말에 갔어요.

Two people are talking about their trip to Busan. Conversations related to each answer choice are as follows.

① travel
 M: What did you do in Busan?
 W: I saw the ocean. I also ate a lot of delicious food.
② location
 M: Where is the library?
 W: It's in front of the student union building.
③ transportation
 M: How did you go to Busan?
 W: I went by plane.
④ date
 M: When did you go to Busan?
 W: I went last weekend.

정답 answer ①

☑ 추가 학습 Additional Learning 🔊 Track 40

취미와 관련된 표현을 공부합시다. Let's study expressions related to hobbies.

1. 운동 exercise

남자: 수영을 자주 해요? Do you swim often?
여자: 네. 가끔 테니스도 쳐요. Yes, I do. Sometimes I play tennis too.

남자: 농구를 좋아해요? Do you like basketball?
여자: 아니요. 저는 축구를 좋아해요. No, I like soccer.

2. 여행 travel

남자: 방학 때 어디에 갈 거예요? Where are you going during vacation?
여자: 친구들과 제주도에 갈 거예요. I'm going to Jeju Island with my friends.

남자: 제주도에서 무엇을 했어요? What did you do in Jeju Island?
여자: 바다를 구경했어요. 등산도 했어요. I went sightseeing at the beach. I also went hiking.

3. 쇼핑 shopping

남자: 신발이 예뻐요. Your shoes are pretty.
여자: 어제 샀어요. 값도 싸고 좋아요. I bought them yesterday. They were cheap and nice.

남자: 보통 어디에서 옷을 사요? Where do you usually buy clothes?
여자: 저는 보통 백화점에서 사요. I usually buy them at the department store.

4. 음악 music

남자: 한국 노래를 좋아하세요? Do you like Korean songs?

여자: 네. 저는 한국 노래가 정말 좋아요. Yes, I really like Korean songs.

남자: 무슨 노래를 들어요? What song are you listening to?

여자: 요즘 제일 인기 있는 노래예요. 들어보세요.
It's the most popular song these days. Listen to it.

연습합시다! Let's practice

남자: 무슨 노래를 좋아해요?

여자: _____.

★답안 예시 answer example

→ 저는 좀 조용한 노래를 좋아해요.

2 화제 찾기 Finding the topic

【토픽I 14번 문제 】

전략 strategy

- 두 사람의 대화를 정확하게 이해해야 한다. You need to understand the conversation between the two people accurately.
- 무엇에 대해 이야기하는지 잘 알아야 한다. You need to know what they are talking about.

※ [11~14] 다음은 무엇에 대해 말하고 있습니까? <보기>와 같이 알맞은 것을 고르십시오. 🔊 Track 41

─────── <보 기> ───────

가: 동생이 있어요?

나: 아니요. 언니만 있어요.

① 고향　　　② 나이　　　❸ 가족　　　④ 나라

14. (3점)

① 시간　　　② 날씨　　　③ 날짜　　　④ 장소

풀이 explanation

두 사람은 날씨에 대해서 이야기하고 있다. 각 선택지와 관련된 대화는 다음과 같다.

① 시간
　여자: 시험이 몇 시예요?
　남자: 오후 2시예요.
② 날씨
　여자: 구름이 많네요.
　남자: 네. 오후에 비가 올 것 같아요.
③ 날짜
　여자: 시험이 언제예요?
　남자: 3월 10일이에요.
④ 장소
　여자: 어디에서 친구를 만나요?
　남자: 학교 앞에서 만나요.

Two people are talking about the weather. Here are the conversations related to each answer choice.

① time
　W: What time is the exam?
　M: It's at 2 p.m.
② weather
　W: It's cloudy.
　M: Yes. It looks like it's going to rain in the afternoon.
③ date
　W: When is the exam?
　M: It's on March 10th.
④ place
　W: Where are you meeting your friend?
　M: I'm meeting them in front of the school.

정답 answer ②

【토픽I 14번 문제 B】

- 두 사람의 대화를 정확하게 이해해야 한다. You need to understand the conversation between the two people accurately.
- 무엇에 대해 이야기하는지 잘 알아야 한다. You need to know what they are talking about.

※ [11~14] 다음은 무엇에 대해 말하고 있습니까? 〈보기〉와 같이 알맞은 것을 고르십시오. 🔊 Track 42

― 〈보 기〉 ―

가: 동생이 있어요?

나: 아니요. 언니만 있어요.

① 고향　　② 나이　　❸ 가족　　④ 나라

14. (3점)

① 계절　　② 날씨　　③ 고향　　④ 위치

풀이 explanation

두 사람은 계절에 대해서 이야기하고 있다. 각 선택지와 관련된 대화는 다음과 같다.

① 계절
　여자: 한국은 지금 겨울이에요.
　남자: 여기는 여름이에요.
② 날씨
　여자: 오늘은 좀 덥네요.
　남자: 네. 어제보다 더워요.
③ 고향
　여자: 고향이 어디예요?
　남자: 서울이에요.
④ 위치
　여자: 식당이 어디에 있어요?
　남자: 백화점 10층에 있어요.

Two people are talking about the seasons. Here are the conversations related to each answer choice.

① season
　W: It's winter in Korea now.
　M: It's summer here.
② weather
　W: It's a bit hot today.
　M: Yes, it's hotter than yesterday.
③ hometown
　W: Where is your hometown?
　M: It's Seoul.
④ location
　W: Where is the restaurant?
　M: It's on the 10th floor of the department store.

정답 answer ①

☑ 추가 학습 Additional Learning   🔊 Track 43

계절과 날씨와 관련된 표현을 공부합시다. Let's study expressions related to seasons and weather.

1. **계절** seasons: 봄 spring, 여름 summer, 가을 autumn, 겨울 winter

    여자: 저는 봄과 가을이 좋아요. I like spring and autumn.
    남자: 저는 겨울을 좋아해요. 눈이 좋아요. I like winter. I like snow.

    여자: 호주는 지금 여름이에요. It's summer in Australia now.
    남자: 한국은 겨울이에요. 눈이 많이 와요. It's winter in Korea. It snows a lot.

2. **날씨**[1] weather: 따뜻하다 to be warm, 덥다 to be hot, 신선하다 to be cool, 춥다 to be cold

    여자: 마이클 씨 고향도 여름에 이렇게 더워요?
       Is it this hot in your hometown, Michael, in the summer too?
    남자: 아니요. 제 고향은 별로 덥지 않아요. No, it's not very hot in my hometown.

    여자: 봄은 따뜻해서 좋아요. I like spring because it's warm.
    남자: 맞아요. 꽃도 예쁘고요. That's right. The flowers are pretty too.

3. **날씨**[2] weather: 맑다 to be clear, 흐리다 to be cloudy, 비가 오다 to be rainy, 눈이 오다 to be snowy, 바람이 불다 to be windy

여자: 요즘은 계속 비가 와요. It's been raining continuously these days.
남자: 오늘은 바람도 많이 불어서 좀 추워요. It's a bit cold today because it's windy too.

여자: 눈이 많이 왔어요. It snowed a lot.
남자: 네. 이번 겨울에는 정말 눈이 많이 오네요. Yes, it's snowing a lot this winter.

 연습합시다! Let's practice

여자: 오늘은 좀 덥지요?
남자: _____.

*답안 예시 answer example
→ 네. 덥네요.

2. 화제 찾기 Finding the topic

【토픽I 27번 문제 】

전략 strategy

- 전체적인 대화 내용을 잘 이해해야 한다. You need to understand the overall content of the conversations well.
- 두 사람이 무엇에 대한 이야기를 하는지 알아야 한다. You need to know what the two people are talking about.

※ [27~28] 다음을 듣고 물음에 답하십시오.   🔊 Track 44

27. 두 사람이 무엇에 대해 이야기를 하고 있는지 고르십시오. (3점)

① 비빔밥을 만드는 방법
② 비빔밥을 즐기는 사람들
③ 비빔밥을 좋아하는 이유
④ 비빔밥에 필요한 재료 준비

풀이 explanation

두 사람은 비빔밥을 좋아하는 이유에 대해서 이야기하고 있다.	The two people are talking about the reasons why they like bibimbap.

정답 answer ③

【토픽I 27번 문제 B】

> 전략 strategy
>
> - 전체적인 대화 내용을 잘 이해해야 한다. You need to understand the overall content of the conversations well.
> - 두 사람이 무엇에 대한 이야기를 하는지 알아야 한다. You need to know what the two people are talking about.

※ [27~28] 다음을 듣고 물음에 답하십시오. Track 45

27. 두 사람이 무엇에 대해 이야기를 하고 있는지 고르십시오. (3점)

① 병원을 찾아가는 길
② 진료를 예약하는 방법
③ 진료를 받을 수 있는 시간
④ 약을 먹었는데 좋아지지 않는 이유

> 풀이 explanation
>
> | 두 사람은 병원 예약이 가능한 시간에 대해서 이야기하고 있다. | The two people are talking about the available times for a hospital appointment. |

정답 answer ③

☑ 추가 학습 Additional Learning 🔊 Track 46

일상생활과 관련된 표현을 공부합시다. Let's study expressions related to daily life.

1. 예약 및 약속 reservations and appointments

남자: 이번 주 토요일 저녁 식사를 예약하고 싶은데요.
I'd like to make a reservation for dinner this Saturday evening.

여자: 모두 몇 분이세요? How many people will be in your party?

남자: 5명입니다. 5시에 창가 자리로 예약이 가능한가요?
Five. Is it possible to reserve a table by the window at 5 o'clock?

여자: 잠시만 기다려 주세요. 아… 창가 자리는 없는데요.
Please wait a moment. Ah… there are no tables available by the window.

남자: 그럼, 좀 조용한 자리로 예약 부탁합니다. Then, please reserve a quiet table for us.

여자: 네. 알겠습니다. 이름과 전화번호를 알려 주세요.
Okay, I understand. Please tell me your name and phone number.

남자: 여보세요? Hello?

여자: 여보세요? 마이클 씨, 저 수미예요. Hello? Michael, it's Sumi.

남자: 아, 수미 씨. 안녕하세요? 무슨 일이에요? Ah, Sumi. Hi, what's up?

여자: 회사에 갑자기 급한 일이 생겼는데 약속을 토요일로 바꿀 수 있어요?
Something urgent came up at work. Can we reschedule our appointment to Saturday?

남자: 토요일 오전은 아르바이트가 있어요. 오후에는 시간이 있어요.
I have a part-time job on Saturday morning. I'm free in the afternoon.

여자: 그럼 토요일 오후 5시에 만나요. Then let's meet at 5 p.m. on Saturday.

2. 공부 studying

남자: 열심히 공부했지만 쓰기 시험 성적이 너무 나빠요.
I studied hard, but my writing test score is really bad.

여자: 쓰기 시험이 어려웠어요? Was the writing test difficult?

남자: 단어가 좀 어려웠어요. 날마다 새로운 단어를 계속 쓰면서 외우는데 잘 안 돼요.
The vocabulary was a bit difficult. I keep memorizing new words by writing them down every day, but it's not working well.

여자: 단어를 외우는 것이 힘들지요. 단어 공부를 어떻게 해요?
It's hard to memorize vocabulary, isn't it? How do you study vocabulary?

남자: 계속 공책에 단어를 쓰면서 외워요. 그런데 며칠이 지나면 다 잊어버려요.
I keep writing the words in my notebook to memorize them. But after a few days, I forget them all.

여자: 단어를 외울 때 문장으로 공부하는 것은 어때요?
How about studying vocabulary in sentences?

여자: 민철 씨, 어디 가세요? Where are you going, Mincheol?
남자: 시험공부 하러 카페에 가요. I'm going to a cafe to study for the exam.
여자: 요즘은 카페에서 공부하는 사람들이 많네요. A lot of people study at cafes these days.
남자: 맞아요. 사실 저는 집에서 혼자 공부하는 것을 좋아해요. 그런데 어제 에어컨이 고장이 나서 제 방이 너무 더워요. 그래서 카페에 가서 공부하려고요.
That's right. Actually, I prefer studying alone at home. But yesterday the air conditioner broke down, so my room is too hot. That's why I'm going to a cafe to study.
여자: 카페는 사람이 많아서 좀 시끄럽지 않아요? 도서관에 가지 그래요?
Isn't a cafe a bit noisy because there are a lot of people? Why don't you go to the library?
남자: 도서관이 좀 멀어서요. 카페가 너무 시끄러우면 도서관에 갈 거예요.
The library is a bit far. If the cafe is too noisy, I'll go to the library.

연습합시다! Let's practice

남자: 어디 가세요?
여자: 아르바이트하러 가요. 지난주부터 아르바이트를 시작했어요.
남자: 공부하면서 아르바이트하려면 힘들지 않아요?
여자: 네. 좀 힘들어요. _____.
남자: 아, 등록금 때문에 아르바이트를 하시는군요.
여자: 네. 그리고 아르바이트를 하면 한국말도 연습할 수 있어서 좋아요.

★답안 예시 answer example
→ 그렇지만 다음 학기 등록을 하려면 돈이 좀 모자라서요.

3 알맞은 그림 찾기 Finding the correct picture

【토픽I 15번 문제 】

> **전략 strategy**
> - 그림의 장소를 잘 알아야 한다. You need to know the places in the pictures well.
> - 두 사람의 대화를 정확하게 이해해야 한다. You need to understand the conversation between the two people accurately.

※ [15~16] 다음을 듣고 가장 알맞은 그림을 고르십시오. (각 4점)   📢 Track 47

15.

①

②

③

④

> **풀이 explanation**
>
> 아이스크림을 찾고 있는 손님과 아이스크림이 있는 냉장고의 위치를 알려 주는 점원의 대화이다. 각 그림과 관련된 대화는 다음과 같다.
>
> ① 남자: 아이스크림이 정말 맛있었어요.
>   여자: 네. 하나 더 먹을까요?
> ② 남자: 아이스크림이 어디에 있어요?
>   여자: 음료수 옆에 있는 냉장고에 있어요.
> ③ 남자: 어디에서 아이스크림을 먹을까요?
>   여자: 편의점 앞에 자리가 있어요.
> ④ 남자: 얼마예요?
>   여자: 3,000원입니다.

This is a conversation between a customer looking for ice cream and an employee informing them of the location of the refrigerator with ice cream. Here are the conversations related to each picture.

① M: The ice cream is really delicious.
   W: Yes. Shall we have another one?
② M: Where is the ice cream?
   W: It's in the refrigerator next to the drinks.
③ M: Where should we eat the ice cream?
   W: There's a place in front of the convenience store.
④ M: How much is it?
   W: It's 3,000 won.

정답 answer ②

【토픽I 15번 문제 B】

- 그림의 장소를 잘 알아야 한다. You need to know the places in the pictures well.
- 두 사람의 대화를 정확하게 이해해야 한다. You need to understand the conversation between the two people accurately.

※ [15~16] 다음을 듣고 가장 알맞은 그림을 고르십시오. (각 4점) 🔊 Track 48

15.

①    ②

③   ④

풀이 explanation

짧은 치마를 찾는 손님과 짧은 치마를 보여 주는 점원의 대화이다. 각 그림과 관련된 대화는 다음과 같다.

① 남자: 짧은 치마가 잘 어울려요.
   여자: 이 치마는 얼마예요?
② 여자: 긴 치마가 있어요?
   남자: 네, 저쪽에 긴 치마가 있어요.
③ 여자: 짧은 치마가 있어요?
   남자: 여기 있습니다.
④ 남자: 예쁘게 포장해 드리겠습니다.
   여자: 감사합니다.

A customer is looking for a short skirt and a clerk is showing them a short skirt. Here are the conversations related to each picture.

① M: The short skirt looks good on you.
   W: How much is this skirt?
② W: Do you have long skirts?
   M: Yes, there are long skirts over there.
③ W: Do you have short skirts?
   M: Here it is.
④ M: I'll wrap it up nicely for you.
   W: Thank you.

정답 answer ③

☑ 추가 학습 Additional Learning　　　🔊 Track 49

위치와 관련된 표현을 공부합시다. Let's study expressions related to location.

1. 앞/뒤 front/back

남자: 학생회관이 어디에 있어요? Where is the student union building?

여자: 도서관 앞에 있어요. It's in front of the library.

남자: 우산이 어디에 있어요? Where is the umbrella?

여자: 책상 뒤에 있어요. It's behind the desk.

2. 위/아래(밑) above/below

남자: 가방이 어디에 있어요? Where is the bag?

여자: 책상 위에 있어요. It's on the desk.

남자: 휴대전화가 어디에 있어요? Where is the cell phone?

여자: 의자 아래에 있어요. It's under the chair.

3. 안/밖 inside/outside

남자: 공책이 어디에 있어요? Where is the notebook?

여자: 가방 안에 있어요. It's inside the bag.

남자: 학생들이 어디에 있어요? Where are the students?

여자: 교실 밖에서 기다리고 있어요. They are waiting outside the classroom.

4. 옆 next to

남자: 식당이 어디에 있어요? Where is the restaurant?
여자: 우체국 옆에 있어요. It's next to the post office.

남자: 마이클 씨가 누구예요? Who is Michael?
여자: 미선 씨 옆에 있는 사람이에요. He's the person next to Miseon.

5. 여기/저기/거기 here/there/over there

남자: 청바지 좀 보여 주세요. Please show me some jeans.
여자: 여기 있습니다. Here they are.

남자: 거기에 있는 물 좀 주세요. Please give me the water over there.
여자: 네. 드릴게요. Okay, I'll give it to you.

연습합시다! Let's practice

남자: 약국이 어디에 있어요?
여자: _____.

★ 답안 예시 answer example
→ 은행 옆에 있어요.

3 알맞은 그림 찾기 Finding the correct picture

【토픽I 16번 문제 】

> **전략 strategy**
>
> - 그림의 장소를 잘 알아야 한다. You need to know the places in the pictures well.
> - 두 사람의 대화를 정확하게 이해해야 한다. You need to understand the conversation between the two people accurately.

※ [15~16] 다음을 듣고 가장 알맞은 그림을 고르십시오. (각 4점)   🔊 Track 50

16.

① 　②

③ 　④

> **풀이 explanation**

두 사람이 지하철 안에서 내려야 하는 역에 대해서 이야기하고 있다. 각 그림과 관련된 대화는 다음과 같다. ① 여자: 어느 역에서 내려요? 　남자: 시청역에서 내려요. 다음 역이에요. ② 여자: 지하철이 자주 와요? 　남자: 3분마다 와요. 아, 지금 오네요. ③ 여자: 몇 번 출구로 나가요? 　남자: 4번 출구로 나가면 돼요. ④ 여자: 시청에 어떻게 가요? 　남자: 지하철이 빨라요. 지하철로 갑시다.	Two people are on the subway talking about which station to get off at. Here are the conversations related to each picture. ① W: Which station are we getting off at? 　M: We're getting off at City Hall Station. It's the next stop. ② W: Do the subways come often? 　M: They come every 3 minutes. Oh, here comes one now. ③ W: Which exit should we take? 　M: We should take exit 4. ④ W: How do we get to City Hall? 　M: The subway is fast. Let's take the subway.

정답 answer ①

【토픽Ⅰ 16번 문제 B】

전략 strategy

- 그림의 장소를 잘 알아야 한다. You need to know the places in the pictures well.
- 두 사람의 대화를 정확하게 이해해야 한다. You need to understand the conversation between the two people accurately.

※ [15~16] 다음을 듣고 가장 알맞은 그림을 고르십시오. (각 4점)   🔊 Track 51

16.

①    ②

③   ④

풀이 explanation

두 사람이 공항에서 비행기가 도착하기를 기다리면서 이야기하고 있다. 각 그림과 관련된 대화는 다음과 같다.

① 여자: 도착 시간이 많이 남았어요?
   남자: 네. 아직 3시간쯤 남았어요.
② 여자: 제가 가방을 내릴게요.
   남자: 네. 감사합니다.
③ 여자: 부치실 가방은 몇 개예요?
   남자: 2개입니다.
④ 여자: 비행기가 도착했어요?
   남자: 아직요. 30분 후에 도착할 거예요.

Two people are at the airport waiting for the plane to arrive and are talking. Here are the conversations related to each picture.

① W: Is there a lot of time left until arrival?
   M: Yes, there's still about 3 hours left.
② W: I'll take down your bag.
   M: Okay, thank you.
③ W: How many bags are you checking in?
   M: Two.
④ W: Has the plane arrived?
   M: Not yet. It will arrive in 30 minutes.

정답 answer ④

☑ 추가 학습 Additional Learning   🔊 Track 52

교통과 관련된 표현을 공부합시다. Let's study expressions related to transportation.

1. 지하철 subway: 역 station, _호선 line __, 노선도 route map

여자: 다음 역에서 내려서 2호선으로 갈아타야 해요.
  We need to get off at the next station and transfer to Line 2.

남자: 네. 알겠어요. Okay, I got it.

여자: 어디로 나가요? Which exit are we taking?

남자: 3번 출구로 나가면 돼요. 이리로 오세요. We should take exit 3. Come this way.

2. 버스 bus: 정류장 bus stop, _번 bus number __

여자: 이 버스가 시청 앞으로 가요? Does this bus go to City Hall?

남자: 네. 타세요. Yes, get on.

여자: 몇 번 버스를 타요? Which bus number should we take?

남자: 272번 버스를 타요. 아, 저기 오네요. We should take bus number 272. Oh, there it is.

3. 기차 train: 역 train station, _호차 car number __

여자: 어서 오세요. Welcome.

남자: 부산에 가는 2시 기차표를 주세요. I'd like a ticket for the 2 o'clock train to Busan, please.

여자: 몇 호차예요? Which car number is it?

남자: 5호차예요. 이 열차가 5호차네요. It's car number 5. This train is car number 5.

4. **비행기** airplane : **공항** airport

여자: 아직 우리 가방이 안 나왔어요? Our bags haven't come out yet?

남자: 아, 저기 우리 가방이 나오네요. Oh, there are our bags coming out.

여자: 비행기가 30분 전에 도착했는데 왜 안 나오지요?
The plane arrived 30 minutes ago, why aren't they out yet?

남자: 곧 나오겠지요. They'll be out soon.

5. **택시** taxi

여자: 손님, 어디로 가세요? Where to, sir?

남자: 시청으로 가 주세요. Please take me to City Hall.

여자: 손님, 시청 앞입니다. Sir, we're in front of City Hall.

남자: 저기 횡단보도 앞에서 세워 주세요. Please stop in front of the crosswalk over there.

연습합시다! Let's practice

여자: 손님, 어디에 세워 드릴까요?

남자: _____.

★ 답안 예시 answer example

→ 저기 횡단보도 앞에서 세워 주세요.

4 중심 생각 찾기 Finding the main idea

【토픽 I 22번 문제 】

- 두 사람이 무엇에 대해서 이야기하는지 알아야 한다. You need to understand what the two people are talking about.
- 여자의 생각이 무엇인지 알아야 한다. You need to understand what the woman is thinking.

※ [22~24] 다음을 듣고 여자의 중심 생각을 고르십시오. (각 3점)　　　　　Track 53

22. ① 혼자 공부하는 것이 좋습니다.
    ② 마이클 씨와 같이 공부하면 좋겠습니다.
    ③ 친구들과 같이 공부하는 것이 좋습니다.
    ④ 수업 시간에 열심히 공부하는 것이 좋습니다.

여자는 혼자 공부하는 것보다 반 친구들과 함께 공부하는 것이 좋다고 생각한다.

The woman thinks studying with her classmates is better than studying alone.

정답 answer ③

【 토픽I 22번 문제  】

전략 strategy

● 두 사람이 무엇에 대해서 이야기하는지 알아야 한다. You need to understand what the two people are talking about.
● 여자의 생각이 무엇인지 알아야 한다. You need to understand what the woman is thinking.

※ [22~24] 다음을 듣고 여자의 중심 생각을 고르십시오. (각 3점)   Track 54

22. ① 6시에 꼭 퇴근을 해야 합니다.
    ② 건강이 좋지 않으면 쉬어야 합니다.
    ③ 회사 일이 많으면 야근을 해야 합니다.
    ④ 자주 늦게까지 일하는 것은 좋지 않습니다.

풀이 explanation

여자는 회사 일이 많아도 야근을 자주 하면 건강에 좋지 않으니까 오늘은 쉬는 것이 좋다고 생각한다.

The woman thinks that even if there's a lot of work at the company, it's not good for your health to work overtime often, so it's better to rest today.

정답 answer ④

☑ 추가 학습 Additional Learning 　　　　　　　　　　📢 Track 55

학교 생활과 회사 생활과 관련된 표현을 공부합시다.
Let's study expressions related to school and work life.

1. **학교 생활** school life: 공부하다 to study, 수업을 듣다 to attend class, 복습하다 to review, 예습하다 to preview, 숙제하다 to do homework, 시험을 보다 to take an exam

여자: 날마다 한국어 수업이 있어요? Do you have Korean class every day?

남자: 네. 날마다 4시간씩 한국어 수업을 들어요. 매일 숙제도 있어요.
　　　Yes, I have Korean class for 4 hours every day. I also have homework every day.

여자: 숙제는 복습이 되니까 도움이 되지요.
　　　Homework helps with review, right?

남자: 맞아요. 숙제를 하면 배운 내용을 잘 이해할 수 있어요.
　　　That's right. Doing homework helps me understand what I've learned.

여자: 어디 가세요? Where are you going?

남자: 내일 시험이 있어서 카페에 공부하러 가요.
　　　I have an exam tomorrow, so I'm going to the cafe to study.

여자: 카페보다 도서관에서 공부하는 것이 좋지 않아요?
　　　Isn't it better to study at the library than at a cafe?

남자: 저는 카페에서 공부하는 것이 더 좋아요.
　　　I prefer studying at a cafe.

2. **회사 생활** work life: 출근하다 to commute to work, 퇴근하다 to leave work, 일하다 to work, 회의하다 to have a meeting, 야근하다 to work overtime

여자: 보통 몇 시에 출근해요? What time do you usually go to work?

남자: 9시까지 출근해야 해요. 저는 보통 8시 반쯤에 출근해요.
I have to be at work by 9 o'clock. I usually go to work around 8:30.

여자: 일찍 출근해서 하루를 준비하는 것이 좋은 것 같아요. 몇 시에 퇴근해요?
I think it's good to go to work early and prepare for the day. What time do you leave work?

남자: 6시에 퇴근해요. 일이 많으면 조금 늦게 퇴근해요.
I leave work at 6 o'clock. If there's a lot of work, I leave a little later.

여자: 팀장님을 뵙고 싶은데요. I'd like to see the team leader.

남자: 지금 회의 중이라서 안 됩니다. He's in a meeting right now, so you can't.

여자: 중요한 일이라서 지금 말씀드려야 합니다. It's important, so I need to tell him now.

남자: 그럼, 잠깐만 기다려 주십시오. Then please wait a moment.

 연습합시다! Let's practice

여자: 시험이 내일이지요? 시험 준비를 다 했어요?
남자: 아니요. 오늘 도서관에 가서 열심히 공부하려고요.
여자: _____.
남자: 맞아요. 앞으로는 그렇게 해야겠어요.

★ 답안 예시 answer example
→ 오늘요? 평소에 공부하는 것이 좋아요.

4 중심 생각 찾기 Finding the main idea

【토픽 I 23번 문제 】

- 두 사람이 무엇에 대해서 이야기하는지 알아야 한다. You need to understand what the two people are talking about.
- 여자의 생각이 무엇인지 알아야 한다. You need to understand what the woman is thinking.

※ [22~24] 다음을 듣고 여자의 중심 생각을 고르십시오. (각 3점) 🔊 Track 56

23. ① 아프면 쉬는 것이 좋습니다.
② 계속 아프면 병원에 가야 합니다.
③ 병원에 가기 전에 예약을 해야 합니다.
④ 머리가 아프면 약을 먹는 것이 좋습니다.

| 여자는 머리가 계속 아프면 병원에 가는 것이 좋다고 생각한다. | The woman thinks it's good to go to the hospital if the headache persists. |

정답 answer ②

【토픽I 23번 문제 】

전략 strategy

● 두 사람이 무엇에 대해서 이야기하는지 알아야 한다. You need to understand what the two people are talking about.
● 여자의 생각이 무엇인지 알아야 한다. You need to understand what the woman is thinking.

※ [22~24] 다음을 듣고 여자의 중심 생각을 고르십시오. (각 3점)   Track 57

23. ① 감기에 걸리지 않게 조심해야 합니다.
    ② 따뜻한 물을 마시고 쉬는 것이 좋습니다.
    ③ 목이 아프고 열이 나면 병원에 가야 합니다.
    ④ 감기에 걸렸을 때는 약을 먹지 않아도 됩니다.

풀이 explanation

여자는 따뜻한 물을 많이 마시고 쉬는 것이 좋다고 생각한다.	The woman thinks it's good to drink plenty of warm water and rest.

정답 answer ②

☑ 추가 학습 Additional Learning   🔊 Track 58

건강과 관련된 대화를 공부합시다. Let's study conversations related to health.

1. **증상** symptoms: 배가 아프다 to have a stomachache, 열이 나다 to have a fever, 기침을 하다 to cough, 콧물이 나다 to have a runny nose, 낫다 to be getting better

여자: 언제부터 기침이 심했어요? Since when has your cough been severe?

남자: 어제부터요. 괜찮을 거예요. Since yesterday. I'll be fine.

여자: 요즘 기침감기가 유행이에요. 따뜻한 물을 많이 드세요.
   A coughing cold is going around these days. Drink plenty of warm water.

남자: 네. 내일도 많이 아프면 병원에 가야겠어요.
   Okay. If I still feel bad tomorrow, I'll go to the hospital.

여자: 어디가 안 좋으세요? Where do you feel unwell?

남자: 열도 나고 콧물도 많이 나요. I have a fever and a runny nose.

여자: 봅시다… 음, 감기인 것 같아요. 약을 드시고 푹 쉬면 나을 거예요.
   Let's see... Hmm. It seems like a cold. Take medicine and get plenty of rest, and you'll get better.

남자: 네. 알겠습니다. Okay, I understand.

2. **약** medicine: 약을 먹다 to take medicine, 소화제 digestive medicine, 진통제 painkiller, 영양제 nutritional supplements, 해열제 fever reducer

여자: 열이 많이 나요. You have a high fever.

남자: 네. 좀 쉬어야겠어요. Yes. I need to rest a bit.

여자: 해열제를 먹고 쉬세요. Take a fever reducer and rest.

남자: 죄송하지만 해열제를 사 주시겠어요?
   I'm sorry, but could you buy me some fever reducer?

여자: 뭐 드세요? What are you taking?

남자: 영양제예요. 수미 씨는 영양제를 안 먹어요?
It's a nutritional supplement. Don't you take nutritional supplements, Sumi?

여자: 저는 영양제를 먹는 것보다 음식을 잘 먹는 게 좋다고 생각해요.
I think it's better to eat well than to take nutritional supplements.

남자: 맞아요. 식사가 중요하지요. You're right. Meals are important.

3. 건강한 생활 healthy lifestyle : 운동하다 to exercise, 쉬다 to rest, 식사하다 to eat, 잠을 자다 to sleep

여자: 요즘 건강이 안 좋아서 걱정이에요.
I'm worried because I haven't been feeling well lately.

남자: 잘 먹고 잘 쉬는 게 중요해요. It's important to eat well and rest well.

여자: 그것보다 너무 운동을 안 해서 그런 것 같아요.
I think it's because I don't exercise enough.

남자: 식사도 규칙적으로 하세요. Eat regularly too.

여자: 피곤해 보여요. You look tired

남자: 계속 잠을 못 자요. 자주 깨고요. I haven't been able to sleep lately. I wake up often.

여자: 한 달 이상 못 자면 병원에 가는 게 좋아요.
If you can't sleep for more than a month, it's good to go to the hospital.

남자: 네. 병원에 가야 할 것 같아요. Yes, I think I should go to the hospital.

연습합시다! Let's practice

여자: 피곤해 보여요.

남자: 네. 요즘 일이 많아서 날마다 늦게 자요.

여자: _____.

남자: 그래야겠어요.

★ 답안 예시 answer example
→ 일이 많아도 너무 늦게 주무시지 마세요.

4 중심 생각 찾기 Finding the main idea

【토픽I 24번 문제 】

- 두 사람이 무엇에 대해서 이야기하는지 알아야 한다. You need to understand what the two people are talking about.
- 여자의 생각이 무엇인지 알아야 한다. You need to understand what the woman is thinking.

※ [22~24] 다음을 듣고 여자의 중심 생각을 고르십시오. (각 3점)   🔊 Track 59

24. ① 여행을 많이 다니는 것이 좋습니다.
    ② 재미있는 여행을 하는 것이 좋습니다.
    ③ 친구들과 여행을 가는 것이 좋습니다.
    ④ 혼자 가는 여행의 좋은 점이 있습니다.

여자는 혼자 여행을 가면 조용히 생각할 시간이 있어서 좋다고 생각한다.	The woman thinks it's good to travel alone because she has time to think quietly.

정답 answer ④

【 토픽I 24번 문제  】

전략 strategy

- 두 사람이 무엇에 대해서 이야기하는지 알아야 한다. You need to understand what the two people are talking about.
- 여자의 생각이 무엇인지 알아야 한다. You need to understand what the woman is thinking.

※ [22~24] 다음을 듣고 여자의 중심 생각을 고르십시오. (각 3점)   Track 60

24. ① 필요한 것만 사는 것이 좋습니다.
    ② 구두를 자주 신는 것이 좋습니다.
    ③ 세일을 할 때 물건을 사야 합니다.
    ④ 물건을 살 때는 가격이 제일 중요합니다.

풀이 explanation

여자는 가격이 싸도 필요 없는 것은 사지 않는 것이 좋다고 생각한다.

The woman thinks it's good not to buy unnecessary things even if the price is cheap.

정답 answer ①

☑ 추가 학습 Additional Learning 🔊 Track 61

취미와 관련된 표현을 공부합시다. Let's study expressions related to hobbies.

1. **여행** travel: 여행을 가다 to go on a trip, 예매하다 to book, 예약하다 to make a reservation, 짐을 싸다 to pack luggage, 사진을 찍다 to take pictures, 계획을 세우다 to make a plan

남자: 여행 계획을 세웠어요? Have you made your travel plans?

여자: 저는 여행 갈 때 계획을 세우지 않아요. I don't make plans when I travel.

남자: 계획이 있어야 시간을 잘 쓸 수 있지요. You need a plan to make good use of your time.

여자: 여행은 쉬러 가는 거니까 계획이 없어도 돼요.
Travel is for relaxation, so it's okay not to have a plan.

남자: 아직 짐을 안 쌌어요? Haven't you packed your luggage yet?

여자: 네. 내일 싸도 돼요. No, I can pack tomorrow.

남자: 짐을 미리 싸면 편하지 않아요? Isn't it more convenient to pack your luggage in advance?

여자: 짐이 많지 않아서 괜찮아요. I don't have much luggage, so it's okay.

2. **공연 및 전시** performance and exhibition: 춤을 추다 to dance, 노래하다 to sing, 연기하다 to act, 그림을 그리다 to draw, 공연장 concert hall, 전시장 exhibition hall

남자: 요즘 가수들은 춤을 정말 잘 추는 것 같아요.
I think singers these days are really good at dancing.

여자: 춤을 잘 추는 가수들이 왜 인기가 있는지 모르겠어요.
I don't know why singers who are good at dancing are popular.

남자: 춤을 잘 추니까 공연이 재미있잖아요.
The performance is fun because they dance well.

여자: 저는 가수들은 노래만 잘하면 된다고 생각해요.
I think singers just need to be good at singing.

남자: 오랜만에 뮤지컬을 보러 갈래요?
  Do you want to go see a musical for the first time in a while?

여자: 뮤지컬 표를 구하기도 어렵고 값도 좀 비싸지 않아요?
  Aren't musical tickets hard to get and a bit expensive?

남자: 그렇긴 하지만 인기 있는 배우들이 나오니까 공연이 괜찮을 거예요.
  That's true, but the performance will be good because popular actors are in it.

여자: 글쎄요. 인기 있는 배우보다 뮤지컬의 내용이 더 중요한 것 같아요.
  Well, I think the content of the musical is more important than popular actors.

3. **쇼핑** shopping: 구경하다 to window shopping, 사다 to buy, 팔다 to sell, 백화점 department store, 시장 market

남자: 수미 씨는 보통 어디에서 쇼핑을 해요? Do you usually shop online, Sumi?

여자: 저는 인터넷으로 쇼핑을 해요. I usually shop online.

남자: 환불하거나 교환하기가 불편하지 않아요?
  Isn't it inconvenient to return or exchange items?

여자: 전혀 그렇지 않아요. 인터넷 쇼핑이 정말 편해요.
  Not at all. Online shopping is really convenient.

남자: 수미 씨, 어디 가요? Where are you going, Sumi?

여자: 옷을 사러 동대문 시장에 가요. I'm going to Dongdaemun Market to buy clothes.

남자: 동대문 시장이 복잡하지 않아요? Isn't Dongdaemun Market crowded?

여자: 좀 복잡하지만 가게도 많고 구경거리도 많아서 좋아요.
  It's a bit crowded, but I like it because there are many stores and things to see.

연습합시다! Let's practice

남자: 보통 주말에 뭘 해요?
여자: 저는 집에서 쉬어요. 집안일도 하고요.
남자: 주말에는 취미 생활을 하는 게 좋지 않아요?
여자: _____.

★ 답안 예시 answer example
→ 그것도 좋지만 저는 주말에 푹 쉬는 게 더 좋아요.

4 중심 생각 찾기 Finding the main idea

【토픽I 25번 문제 】

- 안내 방송의 내용을 잘 이해해야 한다. You need to understand the content of the announcements well.
- 안내 방송에서 자주 나오는 단어를 알아야 한다. You need to know the words that frequently appear in announcements.
- 안내 방송을 하는 목적을 정확하게 이해해야 한다. You need to accurately understand the purpose of the announcement.

※ [25~26] 다음을 듣고 물음에 답하십시오. 　　　Track 62

25. 여자가 왜 이 이야기를 하고 있는지 고르십시오. (3점)

　　① 세탁기 이용 방법을 안내하려고
　　② 주민들에게 감사 인사를 하려고
　　③ 베란다와 화장실 사용 안내를 하려고
　　④ 공동생활에서 조심해야 하는 것을 알리려고

여자는 함께 사는 아파트에서 주민들이 조심해야 할 것에 대해서 알리고 있다.　　The woman is informing the residents of the apartment building where she lives about things they should be careful about.

정답 answer ④

【토픽I 25번 문제 B】

- 안내 방송의 내용을 잘 이해해야 한다. You need to understand the content of the announcements well.
- 안내 방송에서 자주 나오는 단어를 알아야 한다. You need to know the words that frequently appear in announcements.
- 안내 방송을 하는 목적을 정확하게 이해해야 한다. You need to accurately understand the purpose of the announcement.

※ [25~26] 다음을 듣고 물음에 답하십시오.　　　　　　　　　　 Track 63

25. 여자가 왜 이 이야기를 하고 있는지 고르십시오. (3점)

① 도착을 알려 주려고
② 늦게 도착해서 사과하려고
③ 승객의 좌석을 안내하려고
④ 승객들의 물건을 찾아 주려고

풀이 explanation

여자는 비행기가 인천 공항에 도착했다는 것을 알리려고 안내 방송을 하고 있다.

The woman is making an announcement to inform that the plane has arrived at Incheon Airport.

정답 answer ①

☑ 추가 학습 Additional Learning 　　　　　　　　　　　　　🔊 Track 64

안내 방송과 관련된 표현을 공부합시다. Let's study expressions related to announcements.

1. 행사 안내 방송 event announcement

여자: (딩동댕) 잠시 안내 말씀드립니다. 오늘은 5월 5일 어린이날입니다. 저희 놀이공원에서는 오후 2시부터 어린이 그림 그리기 대회를 합니다. 그림 그리기 대회에 참가하실 분은 1시 30분까지 신청해 주십시오. 감사합니다. (딩동댕)

(Ding Dong Dang) We have a brief announcement. Today is May 5th, Children's Day. Our amusement park will be holding a children's drawing contest from 2 p.m. today. Those who wish to participate in the drawing contest, please apply by 1:30 p.m. Thank you. (Ding Dong Dang)

여자: (딩동댕) 학생회에서 알립니다. 오늘 오후 2시에 대강당에서 외국인 한국어 글쓰기 대회를 합니다. 참가 신청을 하신 분들은 2시까지 대강당으로 오십시오. 아직 신청을 하지 않으신 분들은 1시 30분까지 오시면 참가할 수 있습니다. 글쓰기 행사가 끝나면 공연도 볼 수 있습니다. 많이 와 주십시오. 감사합니다. (딩동댕)

(Ding Dong Dang) Announcement from the student council. We will be holding a Korean writing contest for foreigners at the auditorium at 2 p.m. today. Those who have applied, please come to the auditorium by 2 p.m. Those who have not yet applied can still participate if they come by 1:30 p.m. After the writing event, there will also be a performance. We hope to see many of you there. Thank you. (Ding Dong Dang)

2. 회사 안내 방송 company announcement

여자: (딩동댕) 잠시 안내 말씀드립니다. 내일 금요일 오전 8시부터 오후 8시까지 주차장 청소를 합니다. 청소 기간 동안 주차장을 사용할 수 없습니다. 1년에 한 번 하는 주차장 청소입니다. 자세한 일정은 홈페이지를 확인해 주십시오. 감사합니다. (딩동댕)

(Ding Dong Dang) We have a brief announcement. Tomorrow, Friday, from 8 a.m. to 8 p.m., we will be cleaning the parking lot. The parking lot will not be available during the cleaning period. This is the annual parking lot cleaning. For detailed schedules, please check the website. Thank you. (Ding Dong Dang)

여자: (딩동댕) 잠시 안내 말씀드리겠습니다. 요즘 날씨가 더워서 전기 사용량이 너무 많습니다. 에어컨을 사용하실 때에는 꼭 창문을 닫아 주시기 바랍니다. 실내 온도는 25도 이상으로 해 주십시오. 퇴근하실 때에는 에어컨을 꺼 주십시오. 감사합니다. (딩동댕)

(Ding Dong Dang) We have a brief announcement. Due to the hot weather these days, electricity usage is very high. When using the air conditioner, please make sure to close the windows. Please set the indoor temperature to 25 degrees Celsius or higher. Please turn off the air conditioner when you leave work. Thank you. (Ding Dong Dang)

3. **쇼핑센터 안내 방송** shopping center announcement

여자: (딩동댕) 오늘도 저희 백화점을 찾아 주신 고객 여러분께 진심으로 감사드립니다. 오늘도 즐거운 쇼핑이 되셨는지요? 10분 후에 저희 백화점은 문을 닫습니다. 고객 여러분, 감사합니다. 안녕히 가십시오. (딩동댕)

(Ding Dong Dang) We sincerely thank all of our customers who visited our department store today. We hope you had a pleasant shopping experience today. Our department store will be closing in 10 minutes. Thank you for your patronage. Goodbye. (Ding Dong Dang)

여자: (딩동댕) 오늘도 인주 쇼핑몰을 찾아 주셔서 감사합니다. 저희 쇼핑몰에서는 여러 가지 상품을 할인하고 있습니다. 1층 매장에서는 액세서리를 20% 할인합니다. 4층 스포츠 용품 매장에서는 운동화를 30% 싸게 팝니다. 손님 여러분, 모두 즐거운 시간을 보내시기 바랍니다. 감사합니다. (딩동댕)

(Ding Dong Dang) Thank you for visiting Inju Shopping Mall today. We are offering discounts on various products at our shopping mall. The first-floor store is offering a 20% discount on accessories. The 4th-floor sports store is offering a 30% discount on sneakers. We hope all of our customers have a pleasant time. Thank you. (Ding Dong Dang)

4. 교통 안내 방송 transportation announcements

여자: (딩동댕) 이번 역은 서울역, 서울역입니다. 내리실 문은 오른쪽입니다. 지하철 1호선과 4호선으로 갈아타실 분은 이번 역에서 내리시기 바랍니다. 기차를 타실 분도 이번 역에서 내리시기 바랍니다. 가시는 목적지까지 안녕히 가십시오. 감사합니다. (딩동댕)

(Ding Dong Dang) This stop is Seoul Station, Seoul Station. The doors will open on the right. If you are transferring to Subway Line 1 or Line 4, please get off at this station. Passengers taking the train should also get off at this station. We wish you a safe journey to your destination. Thank you. (Ding Dong Dang)

여자: (딩동댕) 시카고로 가시는 인주 항공 승객 여러분께 안내 말씀드립니다. 오늘 오전 11시에 출발 예정인 비행기는 안개가 심해서 1시간 늦게 출발할 예정입니다. 31번 게이트 앞에서 잠시만 더 기다려 주시기 바랍니다. 승객 여러분께 불편을 드려 대단히 죄송합니다. (딩동댕)

(Ding Dong Dang) We have an announcement for Inju Air passengers traveling to Chicago. The flight scheduled to depart at 11 a.m. today will be delayed by 1 hour due to heavy fog. Please wait a little longer at Gate 31. We sincerely apologize for the inconvenience caused to our passengers. (Ding Dong Dang)

 연습합시다! Let's practice

여자: (딩동댕) 잠시 안내 말씀드리겠습니다. 내일부터 지하 1층에 있는 식당에서 아침밥을 1,000원에 드립니다. _____
_____.
많이 이용해 주시기 바랍니다. 감사합니다. (딩동댕)

★ 답안 예시 answer example
→ 아침 7시부터 8시 30분까지 아침 식사를 할 수 있습니다.

4 중심 생각 찾기 Finding the main idea

【토픽I 29번 문제 】

- 남자가 말하는 이유와 목적을 잘 이해해야 한다.
  You need to understand the reasons and purpose behind what the man is saying.
- 전체적인 대화 내용을 잘 파악해야 한다. You need to grasp the overall content of the conversation well.

※ [29~30] 다음을 듣고 물음에 답하십시오.　　　　　　　　　　📢 Track 65

29. 남자가 한국말을 배운 이유를 고르십시오. (3점)

① 한국 친구를 사귀고 싶어서
② 한국에 유학을 오고 싶어서
③ 한국 문화를 공부하고 싶어서
④ 한국 친구들이 중국말을 못해서

| 남자는 한국 문화를 좀 더 깊이 있게 공부하고 싶어서 한국말 공부를 시작했다. | The man started studying Korean because he wanted to study Korean culture more deeply. |

정답 answer ③

【 토픽Ⅰ 29번 문제 B 】

전략 strategy

- 남자가 말하는 이유와 목적을 잘 이해해야 한다.
  You need to understand the reasons and purpose behind what the man is saying.
- 전체적인 대화 내용을 잘 파악해야 한다. You need to grasp the overall content of the conversation well.

※ [29~30] 다음을 듣고 물음에 답하십시오.  Track 66

29. 남자가 영화배우가 된 이유를 고르십시오. (3점)

① 영화가 인기가 많아서

② 영화배우가 멋있어 보여서

③ 아버지가 영화를 좋아하셔서

④ 많은 사람들의 사랑을 받고 싶어서

풀이 explanation

남자는 중학교 때 영화배우가 너무 멋있어 보여서 영화배우가 되고 싶다고 생각했다.	The man thought he wanted to become an actor in middle school because he thought actors were so cool.

정답 answer ②

☑ 추가 학습 Additional Learning 　　　　　　　　　🔊 Track 67

인터뷰와 관련된 표현을 공부합시다. Let's study expressions related to interviews.

1. 수상 소감 award acceptance speech

여자: 올해 한국어 쓰기 대회에서 1등 하신 것을 축하합니다.
Congratulations on winning first place in this year's Korean Writing Contest.

남자: 감사합니다. 생각도 못 했는데 이렇게 큰 상을 받아서 기쁩니다.
Thank you. I didn't expect to receive such a big award, so I'm very happy.

여자: 어떻게 하면 글을 잘 쓸 수 있습니까? How can I write well?

남자: 저는 한국어를 배울 때 날마다 일기를 썼어요. 즐거운 일, 행복한 일 그리고 슬픈 일 등 모두 일기에 썼어요.
I wrote a diary every day when I was learning Korean. I wrote everything in my diary, including happy things, joyful things, and sad things.

여자: 일기를 쓴 것이 도움이 되었군요. So writing a diary helped.

남자: 그런 것 같아요. I think so.

여자: 영화배우 김민수 씨, 올해의 연기상을 받은 것을 축하합니다.
Actor Kim Minsu, congratulations on receiving this year's Acting Award.

남자: 감사합니다. Thank you.

여자: 이번 영화에서 의사를 연기하셨는데요. 연기가 너무 좋았어요.
You played the role of a doctor in this movie. Your acting was amazing.

남자: 의사 역할을 잘하려고 고민을 많이 했어요. 병원에서 한 달 동안 의사 선생님을 따라 다니면서 많이 배웠어요.
I thought a lot about how to play the role of a doctor well. I followed a doctor around at the hospital for a month and learned a lot.

여자: 한 달 동안 병원에 계셨어요? You were at the hospital for a month?

남자: 네. 의사들의 생활을 알아야 연기를 잘 할 수 있다고 생각했어요. 힘들었지만 정말 많은 도움이 되었어요.
Yes. I thought I needed to understand the lives of doctors to act well. It was difficult, but it was really helpful.

2. 인터뷰 interview

여자: 안녕하세요? 김민수 씨, 반갑습니다. 이번 드라마가 아주 인기가 많습니다.
Hello, Mr. Kim Minsu. Nice to meet you. Your recent drama is very popular.

남자: 네. 정말 감사합니다. Yes, thank you very much.

여자: 이번 드라마가 축구 선수들의 이야기이지요? 축구를 잘해서 깜짝 놀랐어요. 언제 축구를 배우셨어요?
This drama is about soccer players, right? I was surprised that you're so good at soccer. When did you learn to play soccer?

남자: 사실 중학교 때 축구 선수였어요. 고등학교 때 다리를 다쳐서 운동을 그만두었는데 이번에 드라마를 하면서 다시 축구 연습을 했어요.
Actually, I was a soccer player in middle school. I injured my leg in high school and had to stop playing, but I practiced soccer again for this drama.

여자: 그랬군요. I see.

남자: 주위에 있는 분들이 많이 도와주셨어요. The people around me helped me a lot.

여자: 인기가수 김민수 씨, 다음 주에 그림 전시회를 하신다고요?
Popular singer Kim Minsu. I heard you're having an art exhibition next week?

남자: 네. 지금까지 그린 그림들을 모아서 전시회를 합니다.
Yes, I'm having an exhibition of the paintings I've drawn so far.

여자: 어떻게 그림을 그리게 되셨어요? How did you start painting?

남자: 저는 음악을 좋아해서 가수가 되었어요. 그런데 공연이 끝나고 혼자 있으면 너무 외로웠어요. 그래서 그림을 그리기 시작했어요.
I became a singer because I love music. But after the performances, when I was alone, I felt very lonely. So I started drawing.

여자: 그림을 배우신 거예요? Did you learn how to draw?

남자: 아니요. 제가 그리고 싶은 것을 마음대로 그렸어요. 아마 이런 점을 사람들이 좀 좋아해 주신 것 같아요.
No. I just drew whatever I wanted to draw. I think people liked that about my drawings.

 연습합시다! Let's practice

여자: 이번에 나온 요리책이 인기가 많습니다. 어떻게 요리책을 쓰게 되셨어요?
남자: 보통은 남자들이 요리를 많이 하지 않지요?
여자: 맞아요. 저희 아버지도 요리를 하지 않으셨어요.
남자: 저도 그랬어요. 그런데 딸이 다니는 유치원에서 아빠 요리 교실을 했어요. 아이와 요리를 해 보니까 좋았어요.
여자: 그래서 요리를 하게 되셨군요.
남자: 생각보다 요리하는 게 힘들지 않았어요.
   그래서 _____.

★ 답안 예시 answer example
→ 다른 아빠들도 아이들과 요리하면 좋겠다고 생각해서 책을 쓰게 되었어요.

유형2 표현 익히기 | Type2 Learning expressions — Track 68

문제 번호	어휘	영어	중국어	일본어	베트남어
7	식당	restaurant	餐厅	食堂	nhà hàng
	가게	store	商店	店	cửa hàng
	교실	classroom	教室	教室	lớp học
	약국	pharmacy	药店	薬局	hiệu thuốc
	비빔밥	bibimbap	拌饭	ビビンバ	bibimbap (cơm trộn hàn quốc)
	화장품	cosmetics	化妆品	化粧品	mỹ phẩm
	소화제	digestive medicine	消化药	消化剤	thuốc tiêu hóa
	꽃집	flower shop	花店	花屋	cửa hàng hoa
	빵집	bakery	面包店	パン屋	tiệm bánh
	옷 가게	clothing store	服装店	洋服屋	cửa hàng quần áo
	과일 가게	fruit store	水果店	果物屋	cửa hàng trái cây
	장미꽃	rose	玫瑰花	バラ	hoa hồng
	바지	pants	裤子	ズボン	quần
	사과	apple	苹果	りんご	táo
	백화점	department store	百货商店	デパート	trung tâm thương mại
	시장	market	市场	市場	chợ
	편의점	convenience store	便利店	コンビニ	cửa hàng tiện lợi
	음료수	beverage	饮料	飲み物	nước ngọt
	냉장고	refrigerator	冰箱	冷蔵庫	tủ lạnh
	반바지	shorts	短裤	ハーフパンツ	quần đùi
	치마	skirt	裙子	スカート	váy
	딸기	strawberry	草莓	いちご	dâu tây
8	공항	airport	机场	空港	sân bay
	미용실	hair salon	美发店	美容室	tiệm làm tóc
	노래방	karaoke	KTV	カラオケ	quán karaoke
	도서관	library	图书馆	図書館	thư viện
	비행기	plane	飞机	飛行機	máy bay
	표	ticket	票	チケット	vé

유형2 표현 익히기 | Type2 Learning expressions

문제 번호	어휘	영어	중국어	일본어	베트남어
8	자르다	to cut	剪	切る	cắt
	곡	song	歌曲	曲	bài hát
	공원	park	公园	公園	công viên
	은행	bank	银行	銀行	ngân hàng
	극장	theater	剧院	劇場	rạp chiếu phim
	여행사	travel agency	旅行社	旅行会社	công ty du lịch
	산책하다	to take a walk	散步	散歩する	đi dạo
	나무	tree	树	木	cây
	통장	bank account	存折	通帳	sổ ngân hàng
	영화	movie	电影	映画	phim
	여행	travel	旅行	旅行	du lịch
	음식	food	食物	食べ物	thức ăn
	꽃	flower	花	花	hoa
	호수	lake	湖	湖	hồ nước
	나무	tree	树	木	cây
	빨래방	laundromat	洗衣房	コインランドリー	tiệm giặt ủi
	세탁기	washing machine	洗衣机	洗濯機	máy giặt
	염색하다	to dye	染色	染める	nhuộm (tóc)
9	교실	classroom	教室	教室	lớp học
	서점	bookstore	书店	本屋	nhà sách
	숙제	homework	作业	宿題	bài tập về nhà
	소설책	novel	小说	小説	tiểu thuyết
	문구점	stationery store	文具店	文房具店	cửa hàng văn phòng phẩm
	정류장	bus stop	车站	停留所	trạm dừng xe buýt
	연필	pencil	铅笔	鉛筆	bút chì
	공책	notebook	笔记本	ノート	vở
	구두	shoes	皮鞋	靴	giày
	역사책	history book	历史书	歴史書	sách lịch sử
	사전	dictionary	词典	辞書	từ điển
	운동장	playground	运动场	運動場	sân vận động

문제 번호	어휘	영어	중국어	일본어	베트남어
9	농구	basketball	篮球	バスケットボール	bóng rổ
	축구	soccer	足球	サッカー	bóng đá
	필통	pencil case	笔袋	筆箱	hộp bút
	지우개	eraser	橡皮	消しゴム	cục tẩy
10	학교	school	学校	学校	trường học
	병원	hospital	医院	病院	bệnh viện
	공항	airport	机场	空港	sân bay
	학생회관	student union building	学生会馆	学生会館	hội quán sinh viên
	열이 나다	to have a fever	发烧	熱が出る	bị sốt
	회사	company	公司	会社	công ty
	돈을 바꾸다	to exchange money	换钱	お金を両替する	đổi tiền
	회의	meeting	会议	会議	cuộc họp
	우체국	post office	邮局	郵便局	bưu điện
	소포	parcel	包裹	小包	bưu kiện
	공항	airport	机场	空港	sân bay
	도착하다	to arrive	到达	到着する	đến nơi
	역	station	车站	駅	ga
	지하철	subway	地铁	地下鉄	tàu điện ngầm
	기차	train	火车	汽車	tàu hỏa
11	나이	age	年龄	年齢	tuổi
	이름	name	名字	名前	tên
	직업	occupation	职业	職業	nghề nghiệp
	가족	family	家人	家族	gia đình
	회사원	office worker	公司职员	会社員	nhân viên công ty
	동생	younger sibling	弟弟/妹妹	弟／妹	em
	언니	older sister	姐姐	姉	chị gái
	시간	time	时间	時間	thời gian
	날씨	weather	天气	天気	thời tiết
	날짜	date	日期	日付	ngày tháng

유형2 표현 익히기 Type2 Learning expressions

문제 번호	어휘	영어	중국어	일본어	베트남어
11	국적	nationality	国籍	国籍	quốc tịch
	춥다	to be cold	冷	寒い	lạnh
	부모님	parents	父母	両親	bố mẹ
	오빠	older brother	哥哥	兄	anh trai
	아버지	father	父亲	父	bố/cha
	어머니	mother	母亲	母	mẹ
	친척	relatives	亲戚	親戚	họ hàng
	삼촌	uncle	叔叔	叔父	chú (anh em trai của bố mẹ)
	고모	paternal aunt	姑姑	叔母（父方の）	cô/bác (em gái/chị gái của bố)
	이모	maternal aunt	姨妈	叔母（母方の）	dì/bác (em gái/chị gái của mẹ)
	은행원	bank teller	银行职员	銀行員	nhân viên ngân hàng
	선생님	teacher	老师	先生	giáo viên
12	운동	exercise	运动	運動	vận động
	여행	travel	旅行	旅行	du lịch
	요일	day of the week	星期	曜日	thứ (trong tuần)
	수영	swimming	游泳	水泳	bơi lội
	야구	baseball	棒球	野球	bóng chày
	금요일	Friday	星期五	金曜日	thứ sáu
	공부	study	学习	勉強	học tập
	시험	exam	考试	試験	bài thi
	휴일	holiday	假日	休日	ngày nghỉ
	바람이 불다	to be windy	刮风	風が吹く	gió thổi
	수업	class	上课	授業	tiết học
	시간	time	时间	時間	thời gian
	시	hour	小时	時	giờ
	분	minute	分钟	分	phút
	방학	vacation	放假	休み	kỳ nghỉ

문제 번호	어휘	영어	중국어	일본어	베트남어
13	취미	hobby	爱好	趣味	sở thích
	박물관	museum	博物馆	博物館	bảo tàng
	위치	location	位置	位置	vị trí
	교통	transportation	交通	交通	giao thông
	쇼핑	shopping	购物	ショッピング	mua sắm
	음악	music	音乐	音楽	âm nhạc
	노래	song	歌	歌	bài hát
	듣다	to listen	听	聴く	nghe
14	장소	place	场所	場所	địa điểm
	계절	season	季节	季節	mùa
	고향	hometown	家乡	故郷	quê hương
	겨울	winter	冬天	冬	mùa đông
	여름	summer	夏天	夏	mùa hè
	봄	spring	春天	春	mùa xuân
	가을	autumn	秋天	秋	mùa thu
	덥다	to be hot	热	暑い	nóng
	춥다	to be cold	冷	寒い	lạnh
	따뜻하다	to be warm	暖和	暖かい	ấm áp
	비가 오다	to be rainy	下雨	雨が降る	trời mưa
	눈이 오다	to be snowy	下雪	雪が降る	tuyết rơi
27	창가	window seat	窗边	窓際	cạnh cửa sổ
	자리	seat	座位	席	chỗ ngồi
	가능하다	to be possible	可能	可能だ	có thể
	조용하다	to be quiet	安静	静かだ	yên tĩnh
	부탁하다	to request	请求；拜托	頼む	nhờ vả
	갑자기	suddenly	突然	突然	đột nhiên
	급하다	to be urgent	急	急だ	khẩn cấp
	바꾸다	to change	更换	変える	thay đổi
	시간이 있다	to have time	有时间	時間がある	có thời gian

유형2 표현 익히기 | Type2 Learning expressions

문제 번호	어휘	영어	중국어	일본어	베트남어
15	옆	next to	旁边	横	bên cạnh
	짧다	to be short	短	短い	ngắn
	어울리다	to look good on	合适	似合う	phù hợp
	포장하다	to wrap	包装	包装する	đóng gói
	앞	front	前面	前	phía trước
	뒤	back	后面	後ろ	phía sau
	위	top	上面	上	bên trên
	아래	below	下面	下	bên dưới
	안	inside	里面	中	bên trong
	밖	outside	外面	外	bên ngoài
16	여기	here	这里	ここ	ở đây
	거기	there	那里	そこ	ở đó
	저기	over there	那边	あそこ	ở đằng kia
	역	station	车站	駅	ga
	출구	exit	出口	出口	lối ra
	빠르다	to be fast	快	速い	nhanh
	부치다	to check in	寄	送る	gửi (thư/bưu phẩm)
	_호선	__ line	__号线	__号線	tuyến số __
	갈아타다	to transfer	换乘	乗り換える	chuyển (tàu/xe)
	버스	bus	公共汽车	バス	xe buýt
	_번	__ number	__路	__番	số __
	타다	to ride	坐/乘	乗る	lên/đi (xe)
	_호차	__ car	__号车厢	__号車	toa số __
	기차표	train ticket	火车票	汽車の切符	vé tàu
	택시	taxi	出租车	タクシー	taxi
	손님	customer	顾客	お客さん	khách
22	한국말	Korean	韩语	韓国語	tiếng hàn
	퇴근하다	to leave work	下班	退勤する	tan làm
	야근	work overtime	加班	残業	làm thêm giờ
	복습	review	复习	復習	ôn tập

문제 번호	어휘	영어	중국어	일본어	베트남어
22	도움이 되다	to be helpful	有帮助	役に立つ	có ích
	이해하다	to understand	理解	理解する	hiểu
	출근하다	to go to work	上班	出勤する	đi làm
	회의 중	in a meeting	开会中	会議中	đang họp
	시험을 보다	to take an exam	考试	試験を受ける	làm bài kiểm tra
	일하다	to work	工作	働く	làm việc
23	아프다	to be sick	疼	痛い	ốm
	예약하다	to make a reservation	预约	予約する	đặt trước
	감기에 걸리다	to catch a cold	感冒	風邪を引く	bị cảm lạnh
	조심하다	to be careful	小心	気をつける	cẩn thận
	기침을 하다	to cough	咳嗽	咳をする	ho
	콧물이 나다	to have a runny nose	流鼻涕	鼻水が出る	chảy nước mũi
	낫다	to recover	痊愈	治る	khỏi bệnh
	해열제	fever reducer	退烧药	解熱剤	thuốc hạ sốt
	영양제	nutritional supplements	营养剂	栄養剤	thuốc bổ
	소화제	digestive medicine	消化药	消化剤	thuốc tiêu hóa
	건강	health	健康	健康	sức khỏe
	식사	meal	吃饭	食事	bữa ăn
	규칙적	regular	规律	規則正しい	đều đặn
	피곤하다	to be tired	疲倦	疲れている	mệt mỏi
24	혼자	alone	独自	一人	một mình
	계획	plan	计划	計画	kế hoạch
	세우다	to make	制定	立てる	lập
	짐	luggage	行李	荷物	hành lý
	싸다	to pack	打包	包む	đóng gói
	편하다	to be convenient	方便	楽だ	tiện lợi
	가수	singer	歌手	歌手	ca sĩ
	춤을 추다	to dance	跳舞	ダンスを踊る	nhảy múa

유형2 표현 익히기 | Type2 Learning expressions

문제 번호	어휘	영어	중국어	일본어	베트남어
24	인기가 있다	to be popular	受欢迎	人気がある	được yêu thích
	공연	performance	演出	公演	buổi biểu diễn
	환불하다	to refund	退款	払い戻す	hoàn tiền
	교환하다	to exchange	换货	交換する	trao đổi
	복잡하다	to be crowded	复杂	複雑だ	phức tạp
	구경거리	attraction	景点	見物	thứ đáng để xem
25	아파트	apartment	公寓	アパート	chung cư
	주민	resident	居民	住民	cư dân
	행사	event	活动	行事	sự kiện
	대회	contest	大会	大会	đại hội
	신청하다	to apply	申请	申し込む	đăng ký
	청소하다	to clean	打扫	掃除する	dọn dẹp
	주차장	parking lot	停车场	駐車場	bãi đậu xe
	창문	window	窗户	窓	cửa sổ
	닫다	to close	关	閉める	đóng
	끄다	to turn off	关掉	消す	tắt
	할인하다	to give a discount	打折	割引する	giảm giá
	내리다	to get off	下	降ろす	xuống xe
	예정	scheduled	预定	予定	dự định
29	1등	first place	第一名	1等	hạng 1
	상을 받다	to receive an award	得奖	賞をもらう	nhận giải thưởng
	기쁘다	to be happy	高兴	嬉しい	vui mừng
	일기	diary	日记	日記	nhật ký
	연기상	acting award	演技奖	演技賞	giải thưởng diễn xuất
	연기하다	to act	表演	演技する	diễn xuất
	역할	role	角色	役	vai diễn
	고민하다	to be worry	烦恼	悩む	lo lắng
	다치다	to get hurt	受伤	ケガをする	bị thương
	그만두다	to quit	停止	やめる	dừng lại

문제 번호	어휘	영어	중국어	일본어	베트남어
29	전시회	exhibition	展览会	展示会	triển lãm
	외롭다	to be lonely	孤独	寂しい	cô đơn
	그림을 그리다	to draw pictures	画画	絵を描く	vẽ tranh

유형 3

세부 내용 이해하기
Understanding specific details

1 대화의 내용 이해하기 Understanding the content of the conversation
토픽 I 듣기 17, 18, 19, 20, 21, 28, 30번 문제

2 안내 방송의 내용 이해하기 Understanding the content of announcements
토픽 I 듣기 26번 문제

유형3 표현 익히기 Type3 Learning expressions

1 대화의 내용 이해하기 Understanding the content of the conversation

【토픽 I 17번 문제 】

전략 strategy

- 두 사람의 대화를 정확하게 이해해야 한다. You need to understand the conversation between the two people well.
- 남자의 이야기와 여자의 이야기를 정확하게 구별해야 한다.
  You need to accurately distinguish between the man's story and the woman's story.

※ [17~21] 다음을 듣고 〈보기〉와 같이 대화 내용과 같은 것을 고르십시오. (각 3점)   🔊 Track 69

〈보 기〉

여자: 무슨 운동을 자주 해요?

남자: 저는 축구를 자주 합니다. 가끔 야구도 해요.

① 여자는 운동을 좋아합니다.   ② 여자는 축구를 좋아합니다.
❸ 남자는 자주 운동을 합니다.   ④ 남자는 야구를 좋아하지 않습니다.

17. ① 남자는 휴가 때 여행을 갔습니다.
② 남자는 휴가 때 집에서 쉬었습니다.
③ 여자는 휴가 때 제주도에 갔습니다.
④ 여자는 휴가 때 친구들을 만났습니다.

풀이 explanation

① 남자는 휴가 때 여행을 갔습니다.
② 여자는 휴가 때 집에서 쉬었습니다.
③ 남자는 휴가 때 제주도에 갔습니다.
④ 남자는 휴가 때 친구들을 만났습니다.

| 주요 표현 |
- 휴가
- 여행
- 푹
- 쉬다

① The man went on a trip during his vacation.
② The woman rested at home during her vacation.
③ The man went to Jeju Island during his vacation.
④ The man met his friends during his vacation.

| Key expressions |
- vacation
- travel
- deeply
- to rest

정답 answer ①

【토픽I 17번 문제 B】

- 두 사람의 대화를 정확하게 이해해야 한다. You need to understand the conversation between the two people well.
- 남자의 이야기와 여자의 이야기를 정확하게 구별해야 한다.
  You need to accurately distinguish between the man's story and the woman's story.

※ [17~21] 다음을 듣고 〈보기〉와 같이 대화 내용과 같은 것을 고르십시오. (각 3점)　　　Track 70

〈 보 기 〉

여자: 무슨 운동을 자주 해요?

남자: 저는 축구를 자주 합니다. 가끔 야구도 해요.

① 여자는 운동을 좋아합니다.　　② 여자는 축구를 좋아합니다.
❸ 남자는 자주 운동을 합니다.　　④ 남자는 야구를 좋아하지 않습니다.

17. ① 여자는 오늘 지각했습니다.
    ② 여자는 요즘 일이 많습니다.
    ③ 남자는 오늘 일찍 일어났습니다.
    ④ 남자는 알람 소리를 듣지 못했습니다.

풀이 explanation

① 남자는 오늘 지각했습니다.　　　　　　　① The man was late today.
② 남자는 요즘 일이 많습니다.　　　　　　　② The man has a lot of work these days.
③ 남자는 오늘 늦게 일어났습니다.　　　　　③ The man woke up late today.
④ 남자는 알람 소리를 듣지 못했습니다.　　　④ The man didn't hear the alarm.

| 주요 표현 |　　　　　　　　| Key expressions |
- 지각하다　　　　　　　　　　　　　　　- to be late
- 늦잠을 자다　　　　　　　　　　　　　- to sleep late
- 늦게　　　　　　　　　　　　　　　　- late
- 일어나다　　　　　　　　　　　　　　- to wake up
- 힘들다　　　　　　　　　　　　　　　- to be difficult

정답 answer ④

☑ 주요 표현 Key expressions　　🔊 Track 71

- **휴가** vacation

  저는 아직 휴가 계획을 세우지 않았어요. I haven't made any vacation plans yet.

- **여행** travel

  요즘 해외여행을 가는 사람이 많아서 공항이 복잡해요.
  The airport is crowded these days because many people are traveling abroad.

- **푹** deeply

  시험이 끝났으니까 오늘은 푹 쉬어야겠어요. Since the exams are over, I should get some good rest today.

- **쉬다** to rest

  쉬는 시간에 편의점에 갔다 왔어요. I went to the convenience store during break time.

- **지각하다** to be late

  수업에 지각하면 안 됩니다. 9시까지 꼭 오세요. You shouldn't be late for class. Please come by 9 o'clock.

- **늦잠을 자다** to sleep late

  휴일은 늦잠을 잘 수 있어서 좋아요. I like holidays because I can sleep in.

- **늦게** late

  미선 씨는 약속 시간을 지키지 않아요. 항상 늦게 와요.
  Miseon doesn't keep her appointments. She always comes late.

- **일어나다** to wake up

  저는 보통 아침에 7시쯤 일어나요. I usually wake up around 7 in the morning.

- **힘들다** to be difficult

  학교 공부도 하고 회사도 다니니까 좀 힘들어요. It's a bit hard because I'm studying and working at the same time.

1 대화의 내용 이해하기 Understanding the content of the conversation

【토픽 I 18번 문제 】

> 전략 strategy

● 두 사람의 대화를 정확하게 이해해야 한다. You need to understand the conversation between the two people well.
● 남자의 이야기와 여자의 이야기를 정확하게 구별해야 한다.
You need to accurately distinguish between the man's story and the woman's story.

※ [17~21] 다음을 듣고 〈보기〉와 같이 대화 내용과 같은 것을 고르십시오. (각 3점) 🔊 Track 72

― 〈보 기〉 ―

여자: 무슨 운동을 자주 해요?

남자: 저는 축구를 자주 합니다. 가끔 야구도 해요.

① 여자는 운동을 좋아합니다.　　② 여자는 축구를 좋아합니다.
❸ 남자는 자주 운동을 합니다.　　④ 남자는 야구를 좋아하지 않습니다.

18. ① 여자는 요리를 잘합니다.
　　② 여자는 외식을 많이 합니다.
　　③ 남자는 요리하는 것이 귀찮습니다.
　　④ 남자는 날마다 집에서 음식을 만듭니다.

> 풀이 explanation

① 남자는 요리를 잘합니다.
② 여자는 외식을 많이 합니다.
③ 여자는 요리하는 것이 귀찮습니다.
④ 남자는 주말에 집에서 음식을 만듭니다.

| 주요 표현 |
● 요리하다
● 귀찮다
● 거의
● 돈이 들다

① The man is good at cooking.
② The woman eats out a lot.
③ The woman finds cooking bothersome.
④ The man cooks at home on weekends.

| Key expressions |
● to cook
● to be troublesome
● almost
● to cost money

정답 answer ②

【토픽 I 18번 문제 B】

- 두 사람의 대화를 정확하게 이해해야 한다. You need to understand the conversation between the two people well.
- 남자의 이야기와 여자의 이야기를 정확하게 구별해야 한다.
  You need to accurately distinguish between the man's story and the woman's story.

※ [17~21] 다음을 듣고 〈보기〉와 같이 대화 내용과 같은 것을 고르십시오. (각 3점) 🔊 Track 73

〈 보 기 〉

여자: 무슨 운동을 자주 해요?

남자: 저는 축구를 자주 합니다. 가끔 야구도 해요.

① 여자는 운동을 좋아합니다.　　② 여자는 축구를 좋아합니다.
❸ 남자는 자주 운동을 합니다.　　④ 남자는 야구를 좋아하지 않습니다.

18. ① 남자는 이 식당을 잘 압니다.
　　② 여자는 이 식당에 자주 옵니다.
　　③ 남자는 이 식당 음식을 좋아합니다.
　　④ 여자는 이 식당 음식을 좋아하지 않습니다.

풀이 explanation

① 남자는 이 식당에 처음 왔습니다.
② 여자는 이 식당에 자주 옵니다.
③ 여자가 이 식당 음식을 좋아합니다.
④ 여자는 이 식당 음식이 맛있어서 자주 옵니다.

① This is the man's first time at this restaurant.
② The woman comes to this restaurant often.
③ The woman likes the food at this restaurant.
④ The woman comes to this restaurant often because the food is delicious.

| 주요 표현 |
- 처음
- 자주
- 제일
- 맛있다
- 맵다

| Key expressions |
- first time
- often
- most
- to be delicious
- to be spicy

정답 answer ②

☑ 주요 표현 Key expressions 🔊 Track 74

- **요리하다** to cook

  저는 요리하는 것을 좋아해서 자주 음식을 만들어요. I like cooking, so I often make food.

- **귀찮다** to be troublesome

  청소하는 것이 귀찮아서 잘 안 해요. I don't clean often because it's bothersome.

- **거의** almost

  이제 거의 다 왔어요. 조금만 기다려 주세요. We're almost there. Please wait a little longer.

- **돈이 들다** to cost money

  유학을 가면 돈이 많이 들겠지요? Studying abroad will cost a lot of money, won't it?

- **처음** first time

  처음 뵙겠습니다. 저는 김민철입니다. How do you do? I'm Kim Mincheol.

- **자주** often

  미선 씨가 자주 듣는 음악은 뭐예요? What kind of music does Miseon listen to often?

- **제일** most

  한국 음식 중에서 저는 삼겹살을 제일 좋아합니다. Out of all Korean food, I like samgyeopsal the most.

- **맛있다** to be delicious

  여행을 가면 맛있는 식당을 제일 먼저 찾아봐요. When I travel, I look for delicious restaurants first.

- **맵다** to be spicy

  저는 매운 음식을 좋아해서 한국 음식이 입에 맞아요. I like spicy food, so Korean food suits my taste.

1 대화의 내용 이해하기 Understanding the content of the conversation

【토픽I 19번 문제 】

전략 strategy

- 두 사람의 대화를 정확하게 이해해야 한다. You need to understand the conversation between the two people well.
- 남자의 이야기와 여자의 이야기를 정확하게 구별해야 한다.
  You need to accurately distinguish between the man's story and the woman's story.

※ [17~21] 다음을 듣고 〈보기〉와 같이 대화 내용과 같은 것을 고르십시오. (각 3점) 🔊 Track 75

―――― 〈보 기〉 ――――

여자: 무슨 운동을 자주 해요?

남자: 저는 축구를 자주 합니다. 가끔 야구도 해요.

① 여자는 운동을 좋아합니다.　② 여자는 축구를 좋아합니다.

❸ 남자는 자주 운동을 합니다.　④ 남자는 야구를 좋아하지 않습니다.

19. ① 남자는 영화표를 미리 살 겁니다.

② 남자는 편의점 앞에서 여자를 만날 겁니다.

③ 여자는 토요일 오후에 아르바이트를 합니다.

④ 여자는 토요일 오후 3시에 남자와 만날 겁니다.

풀이 explanation

① 남자는 영화표를 미리 살 겁니다.
② 남자는 극장 앞에서 여자를 만날 겁니다.
③ 여자는 토요일 오전에 아르바이트를 합니다.
④ 여자는 토요일 오후 2시에 남자와 만날 겁니다.

| 주요 표현 |
- 영화
- 편의점
- 표
- 예매하다

① The man will buy the movie tickets in advance.
② The man will meet the woman in front of the theater.
③ The woman works part-time on Saturday mornings.
④ The woman will meet the man on Saturday afternoon at 2 o'clock.

| Key expressions |
- movie
- convenience store
- ticket
- to book in advance

정답 answer ①

【토픽I 19번 문제 B】

- 두 사람의 대화를 정확하게 이해해야 한다. You need to understand the conversation between the two people well.
- 남자의 이야기와 여자의 이야기를 정확하게 구별해야 한다.
  You need to accurately distinguish between the man's story and the woman's story.

※ [17~21] 다음을 듣고 〈보기〉와 같이 대화 내용과 같은 것을 고르십시오. (각 3점) 🔊 Track 76

〈 보 기 〉

여자: 무슨 운동을 자주 해요?

남자: 저는 축구를 자주 합니다. 가끔 야구도 해요.

① 여자는 운동을 좋아합니다.   ② 여자는 축구를 좋아합니다.
❸ 남자는 자주 운동을 합니다.   ④ 남자는 야구를 좋아하지 않습니다.

19. ① 여자는 오늘 수업이 없습니다.
  ② 남자는 오늘 친구와 약속이 있습니다.
  ③ 여자는 내일 한강 공원에 갈 수 있습니다.
  ④ 남자는 어제 날씨가 좋아서 공원에 갔습니다.

풀이 explanation

① 여자는 오늘 수업이 있습니다.
② 여자는 오늘 친구와 약속이 있습니다.
③ 여자는 내일 한강 공원에 갈 수 있습니다.
④ 남자는 오늘 날씨가 좋아서 공원에 가고 싶어 합니다.

| 주요 표현 |
- 수업
- 끝나다
- 약속
- 시간이 있다

① The woman has class today.
② The woman has an appointment with a friend today.
③ The woman can go to Han River Park tomorrow.
④ The man wants to go to the park today because the weather is nice.

| Key expressions |
- class
- to end
- appointment
- to have time

정답 answer ③

☑ 주요 표현 Key expressions 🔊 Track 77

- **영화** movie
  주말에 친구와 같이 영화를 보러 가기로 했어요. I promised to go see a movie with my friend this weekend.

- **편의점** convenience store
  집 앞에 편의점이 있어서 정말 편해요. It's really convenient to have a convenience store in front of my house.

- **표** ticket
  표를 사지 못해서 콘서트를 못 봤어요. I couldn't see the concert because I couldn't buy a ticket.

- **예매하다** to book in advance
  주말에 가려면 표를 미리 예매해야 해요. If you want to go on the weekend, you need to book tickets in advance.

- **수업** class
  월요일부터 금요일까지 한국어 수업이 있습니다. There are Korean classes from Monday to Friday.

- **끝나다** to end
  회의가 끝나면 연락드리겠습니다. I will contact you after the meeting ends.

- **약속** appointment
  약속 시간을 잘 지키지 않는 사람이 싫어요. I don't like people who don't keep their appointments.

- **시간이 있다** have time
  시간이 있으면 내일 같이 저녁을 먹읍시다. If you have time, let's have dinner together tomorrow.

1 대화의 내용 이해하기 Understanding the content of the conversation

【토픽I 20번 문제 A】

> 전략 strategy
> - 두 사람의 대화를 정확하게 이해해야 한다. You need to understand the conversation between the two people well.
> - 남자의 이야기와 여자의 이야기를 정확하게 구별해야 한다.
>   You need to accurately distinguish between the man's story and the woman's story.

※ [17~21] 다음을 듣고 〈보기〉와 같이 대화 내용과 같은 것을 고르십시오. (각 3점)　🔊 Track 78

〈보 기〉

여자: 무슨 운동을 자주 해요?

남자: 저는 축구를 자주 합니다. 가끔 야구도 해요.

① 여자는 운동을 좋아합니다.　② 여자는 축구를 좋아합니다.

❸ 남자는 자주 운동을 합니다.　④ 남자는 야구를 좋아하지 않습니다.

20. ① 여자는 경영학을 전공했습니다.

② 여자는 한국 회사에 다니고 있습니다.

③ 남자는 졸업하고 취직하고 싶어 합니다.

④ 남자는 대학원에서 경영학을 공부했습니다.

> 풀이 explanation
>
> ① 여자는 경영학을 전공하고 싶어 합니다.
> ② 여자는 대학생입니다.
> ③ 남자는 졸업하고 취직하고 싶어 합니다.
> ④ 남자는 대학생입니다.
>
> | 주요 표현 |
> - 졸업하다
> - 취직하다
> - 전공하다
> - 입학하다
>
> ① The woman wants to major in business administration.
> ③ The woman is a university student.
> ② The man wants to get a job after graduation.
> ④ The man is a college student.
>
> | Key expressions |
> - to graduate
> - to get a job
> - to major in
> - to enter

정답 answer ③

【토픽 I 20번 문제 B】

- 두 사람의 대화를 정확하게 이해해야 한다. You need to understand the conversation between the two people well.
- 남자의 이야기와 여자의 이야기를 정확하게 구별해야 한다.
  You need to accurately distinguish between the man's story and the woman's story.

※ [17~21] 다음을 듣고 〈보기〉와 같이 대화 내용과 같은 것을 고르십시오. (각 3점)   🔊 Track 79

――― 〈 보 기 〉 ―――

여자: 무슨 운동을 자주 해요?

남자: 저는 축구를 자주 합니다. 가끔 야구도 해요.

① 여자는 운동을 좋아합니다.　　② 여자는 축구를 좋아합니다.

❸ 남자는 자주 운동을 합니다.　　④ 남자는 야구를 좋아하지 않습니다.

20. ① 여자는 한국말을 배웁니다.

② 남자는 중국어 선생님입니다.

③ 남자는 컴퓨터 공학을 전공했습니다.

④ 여자는 중국에 공부하러 가고 싶어 합니다.

풀이 explanation

① 남자는 한국말을 배웁니다.
② 남자는 중국어를 가르쳐 주고 싶어 합니다.
③ 남자는 컴퓨터 공학을 전공하고 싶어 합니다.
④ 여자는 중국에 공부하러 가고 싶어 합니다.

① The man learns Korean.
② The man wants to teach Chinese.
③ The man wants to major in computer engineering.
④ The woman wants to go to China to study.

| 주요 표현 |
- 다니다
- 유학
- 준비
- 가르치다

| Key expressions |
- to attend
- studying abroad
- preparation
- to teach

정답 answer ④

☑ 주요 표현 Key expressions 🔊 Track 80

- **졸업하다** to graduate

  대학교를 졸업한 지 4년 되었어요. It's been 4 years since I graduated from university.

- **취직하다** to get a job

  대학교를 졸업하면 무역 회사에 취직하고 싶어요.
  I want to get a job at a trading company after I graduate from university.

- **전공하다** to major in

  저는 신문방송학을 전공해서 방송국에서 일하는 게 꿈이에요.
  I majored in journalism and broadcasting, so my dream is to work at a broadcasting station.

- **입학하다** to enter

  한국말을 열심히 공부해서 한국 대학교에 입학하고 싶어요.
  I want to study Korean hard and enter a Korean university.

- **다니다** to attend

  대학교를 졸업하고 회사에 다니고 있습니다. I graduated from university and am now working at a company.

- **유학** studying abroad

  내년에 미국으로 유학을 가려고 준비하고 있습니다. I'm preparing to study abroad in the US next year.

- **준비** preparation

  다음 주에 시험이 있지요? 시험 준비를 다 했어요?
  You have an exam next week, right? Are you all prepared for the exam?

- **가르치다** to teach

  저는 한국 대학교에서 역사를 가르치고 있습니다. I teach history at a Korean university.

1 대화의 내용 이해하기 Understanding the content of the conversation

【토픽I 21번 문제 】

전략 strategy

- 두 사람의 대화를 정확하게 이해해야 한다. You need to understand the conversation between the two people well.
- 남자의 이야기와 여자의 이야기를 정확하게 구별해야 한다.
  You need to accurately distinguish between the man's story and the woman's story.

※ [17~21] 다음을 듣고 〈보기〉와 같이 대화 내용과 같은 것을 고르십시오. (각 3점)   🔊 Track 81

〈보 기〉

여자: 무슨 운동을 자주 해요?

남자: 저는 축구를 자주 합니다. 가끔 야구도 해요.

① 여자는 운동을 좋아합니다.　　② 여자는 축구를 좋아합니다.

❸ 남자는 자주 운동을 합니다.　　④ 남자는 야구를 좋아하지 않습니다.

21. ① 여자는 식당을 예약했습니다.

② 여자는 행복 식당에 가고 싶어 합니다.

③ 남자는 혼자 식사하려고 예약을 합니다.

④ 남자는 토요일에 행복 식당에 갈 겁니다.

풀이 explanation

① 남자는 식당을 예약했습니다.
② 남자는 행복 식당에 가고 싶어 합니다.
③ 남자는 5명이 함께 식사하려고 예약을 합니다.
④ 남자는 토요일에 행복 식당에 갈 겁니다.

| 주요 표현 |
- 점심
- 예약하다
- 참가
- 가능하다

① The man made a reservation at a restaurant.
② The man wants to go to the Happiness Restaurant.
③ The man makes a reservation for 5 people to eat together.
④ The man will go to the Happiness Restaurant on Saturday.

| Key expressions |
- lunch
- to make a reservation
- window seat
- to be possible

정답 answer ④

【토픽Ⅰ 21번 문제 】

> **전략 strategy**
>
> • 두 사람의 대화를 정확하게 이해해야 한다. You need to understand the conversation between the two people well.
> • 남자의 이야기와 여자의 이야기를 정확하게 구별해야 한다.
>   You need to accurately distinguish between the man's story and the woman's story.

※ [17~21] 다음을 듣고 〈보기〉와 같이 대화 내용과 같은 것을 고르십시오. (각 3점) 🔊 Track 82

―――――――〈 보 기 〉―――――――

여자: 무슨 운동을 자주 해요?

남자: 저는 축구를 자주 합니다. 가끔 야구도 해요.

① 여자는 운동을 좋아합니다.　　② 여자는 축구를 좋아합니다.

❸ 남자는 자주 운동을 합니다.　　④ 남자는 야구를 좋아하지 않습니다.

21. ① 여자는 버스표를 샀습니다.

② 남자는 부산에 가고 싶어 합니다.

③ 남자와 여자는 같이 부산에 갈 겁니다.

④ 여자는 표가 없어서 부산에 가지 못합니다.

> **풀이 explanation**
>
> ① 여자는 버스표를 샀습니다.
> ② 여자는 부산에 갈 겁니다.
> ③ 여자는 대학교 때 동아리 선배들과 부산에 갈 겁니다.
> ④ 여자는 기차표가 없어서 버스표를 샀습니다.
>
> | 주요 표현 |
> • 기차표
> • 매진
> • 동아리
> • 선배
>
> ① The woman bought a bus ticket.
> ② The woman will go to Busan.
> ③ The woman will go to Busan with her senior club members from university.
> ④ The woman bought a bus ticket because there were no train tickets.
>
> | Key expressions |
> • train ticket
> • sold out
> • club
> • senior

정답 answer ①

☑ 주요 표현 Key expressions　　🔊 Track 83

- **점심** lunch
  저는 보통 12시에 점심을 먹어요. I usually eat lunch at 12 o'clock.

- **예약하다** to make a reservation
  제가 지난주에 호텔을 예약했어요. I made a hotel reservation last week.

- **창가** window seat
  부산으로 가는 12시 기차표 한 장 주세요. 창가 자리로 주세요.
  Please give me one ticket for the 12 o'clock train to Busan. A window seat, please.

- **가능하다** to be possible
  일주일 안에 오셔야 교환이 가능합니다.
  You must come within a week for an exchange to be possible.

- **기차표** train ticket
  부산에 여행 가려고 기차표를 예매했어요. I booked a train ticket to travel to Busan.

- **매진** sold out
  주말 공연 표는 모두 매진이어서 살 수가 없었어요.
  I couldn't buy tickets for the weekend performance because they were all sold out.

- **동아리** club
  대학교에 입학하면 동아리 활동을 하고 싶어요.
  I want to participate in club activities when I enter university.

- **선배** senior
  오랜만에 대학교 선배와 후배들을 만나서 즐거웠어요.
  It was fun meeting my university seniors and juniors after a long time.

 **대화의 내용 이해하기** Understanding the content of the conversation

【토픽I 28번 문제 A】

> 전략 strategy
>
> • 두 사람이 무엇에 대해 이야기를 하는지 알아야 한다. You need to understand what the two people are talking about.
> • 세부적인 내용을 정확하게 이해해야 한다. You need to accurately understand the specific details.

※ [27~28] 다음을 듣고 물음에 답하십시오.　　　　　　　　　　　Track 84

28. 들은 내용과 같은 것을 고르십시오. (4점)

　① 남자는 온라인으로 물건을 자주 삽니다.
　② 여자의 동생은 고등학교를 졸업했습니다.
　③ 여자는 온라인으로 컴퓨터를 살 것입니다.
　④ 컴퓨터는 온라인보다 매장에서 사는 것이 쌉니다.

> 풀이 explanation
>
> ① 남자는 온라인으로 물건을 자주 삽니다.
> ② 여자의 동생은 다음 달에 고등학교를 졸업할 것입니다.
> ③ 여자는 직접 컴퓨터 매장에 가서 살 것입니다.
> ④ 컴퓨터는 온라인으로 사는 것이 더 쌉니다.
>
> | 주요 표현 |
> • 결정하다
> • 편하다
> • 직접
> • 비교하다
> • 매장
>
> ① The man often buys things online.
> ② The woman's younger brother will graduate from high school next month.
> ③ The woman will go directly to the computer store to buy it.
> ④ Buying a computer online is cheaper.
>
> | Key expressions |
> • to decide
> • to be comfortable
> • directly
> • to compare
> • store

정답 answer ①

【토픽I 28번 문제 B】

- 두 사람이 무엇에 대해 이야기를 하는지 알아야 한다. You need to understand what the two people are talking about.
- 세부적인 내용을 정확하게 이해해야 한다. You need to accurately understand the specific details.

※ [27~28] 다음을 듣고 물음에 답하십시오.　　　　　　　　　　　　　Track 85

28. 들은 내용과 같은 것을 고르십시오. (4점)

① 여자는 회사원입니다.
② 남자는 드라마를 아주 좋아합니다.
③ 여자는 수업이 끝나면 복습을 합니다.
④ 남자는 회사 동료와 한국말을 공부할 것입니다.

풀이 explanation

① 남자는 회사원입니다.
② 남자는 드라마를 별로 좋아하지 않습니다.
③ 여자는 수업이 끝나면 복습을 합니다.
④ 남자는 회사 동료에게 한국 친구를 소개해 달라고 할 것입니다.

① The man is an office worker.
② The man doesn't like dramas very much.
③ The woman reviews after class ends.
④ The man will ask his colleague to introduce him to a Korean friend.

| 주요 표현 |
- 복습
- 별로
- 도움이 되다
- 동료
- 소개
- 사귀다

| Key expressions |
- review
- not really
- to be helpful
- colleague
- introduce
- to make friends

정답 answer ③

☑ 주요 표현 Key expressions 🔊 Track 86

- **결정하다** to decide

  대학원에 갈지 취직할지 아직 결정하지 못했어요. I haven't decided yet whether to go to graduate school or get a job.

- **편하다** to be comfortable

  이 운동화가 편해서 자주 신어요. These sneakers are comfortable, so I wear them often.

- **직접** directly

  민수 씨에게 직접 이야기하는 것이 좋을 것 같아요. I think it would be better to talk to Minsu directly.

- **비교하다** to compare

  저는 물건을 살 때 값을 비교해 보고 사요. When I buy things, I compare prices before buying.

- **매장** store

  백화점 1층에 보통 화장품 매장들이 있어요. Department stores usually have cosmetic stores on the first floor.

- **복습** review

  날마다 배운 것을 복습하는 것이 좋습니다. It is good to review what you learned every day.

- **별로** not really

  저는 매운 음식을 별로 좋아하지 않아요. I don't really like spicy food.

- **도움이 되다** to be helpful

  한국 친구와 만나서 이야기하는 것이 말하기 연습에 아주 도움이 됩니다.
  Talking with Korean friends is very helpful for practicing speaking.

- **동료** colleague

  퇴근한 후에 가끔 회사 동료들과 한잔합니다. I sometimes have a drink with my colleagues after work.

- **소개** introduce

  좋은 아르바이트가 있으면 소개해 주세요. Please introduce me to a good part-time job if you know of any.

- **사귀다** to make friends

  한국에 온 지 1년이 되었는데 아직 한국 친구를 사귀지 못했어요.
  I've been in Korea for a year, but I haven't made any Korean friends yet.

1 대화의 내용 이해하기 Understanding the content of the conversation

【토픽I 30번 문제 】

전략 strategy

- 무엇에 대한 이야기인지 알아야 한다. You need to understand what the conversation is about.
- 두 사람이 구체적으로 무슨 이야기를 하는지 알아야 한다.
  You need to know specifically what the two people are talking about.

※ [29~30] 다음을 듣고 물음에 답하십시오. 🔊 Track 87

30. 들은 내용과 같은 것을 고르십시오. (4점)

① 남자는 회사에 다닌 적이 있습니다.
② 남자는 대학교 때부터 소설가가 되고 싶었습니다.
③ 남자는 무역회사 일이 너무 힘들어서 그만두었습니다.
④ 남자의 가족들은 남자가 회사를 그만두는 것을 좋아했습니다.

풀이 explanation

① 남자는 회사에 다닌 적이 있습니다.
② 남자는 어렸을 때부터 소설가가 되고 싶었습니다.
③ 남자는 회사에 다니면서 소설을 쓰는 것이 힘들어서 회사를 그만두었습니다.
④ 남자의 가족들은 남자가 회사를 그만두는 것을 반대했습니다.

| 주요 표현 |
- 취직
- 그만두다
- 반대하다
- 꿈
- 포기하다

① The man has worked at a company before.
② The man wanted to be a novelist since he was young.
③ The man quit his job because it was difficult to write novels while working at the company.
④ The man's family opposed him quitting his job.

| Key expressions |
- getting a job
- to quit
- to oppose
- dream
- to give up

정답 answer ①

【토픽I 30번 문제 B】

전략 strategy

- 무엇에 대한 이야기인지 알아야 한다. You need to understand what the conversation is about.
- 두 사람이 구체적으로 무슨 이야기를 하는지 알아야 한다.
  You need to know specifically what the two people are talking about.

※ [29~30] 다음을 듣고 물음에 답하십시오.  Track 88

30. 들은 내용과 같은 것을 고르십시오. (4점)

① 남자는 어렸을 때 아주 건강했습니다.
② 남자는 어렸을 때 모든 운동을 좋아했습니다.
③ 남자는 이번 대회에서 제일 빨리 출발했습니다.
④ 남자는 이번 대회에서 1등을 할 거라고 생각했습니다.

풀이 explanation

① 남자는 어렸을 때 몸이 약했습니다.
② 남자는 어렸을 때 수영이 아닌 다른 운동은 싫어했습니다.
③ 남자는 이번 대회에서 제일 빨리 출발했습니다.
④ 남자는 이번 대회에서 1등을 할 거라고 생각하지 않았습니다.

① The man was weak when he was young.
② The man disliked sports other than swimming when he was young.
③ The man started the fastest in this competition.
④ The man didn't think he would win first place in this competition.

| 주요 표현 |
- 전국
- 빨리
- 몸이 가볍다
- 기대를 하다
- 몸이 약하다

| Key expressions |
- nationwide
- quickly
- to feel light
- to have expectations
- to be weak

정답 answer ③

✅ 주요 표현 Key expressions　　　🔊 Track 89

- **취직** getting a job
  대학교를 졸업하고 무역회사에 취직했습니다. I graduated from university and got a job at a trading company.

- **그만두다** to quit
  공부할 것이 많아서 아르바이트를 그만두었습니다. I quit my part-time job because I had a lot to study.

- **반대하다** to oppose
  처음에는 부모님이 반대하셨지만 지금은 많이 도와주고 계십니다.
  At first, my parents were opposed, but now they are helping me a lot.

- **꿈** dream
  어렸을 때는 운동선수가 되는 것이 제 꿈이었습니다. When I was young, my dream was to become an athlete.

- **포기하다** to give up
  힘들어도 포기하지 말고 끝까지 하십시오. Don't give up even if it's hard, and keep going until the end.

- **전국** nationwide
  오늘은 전국에 비가 오겠습니다. It will rain nationwide today.

- **빨리** quickly
  빨리 먹는 것은 좋지 않아요. 천천히 드세요. Eating quickly is not good. Eat slowly.

- **몸이 가볍다** to feel light
  요즘 자주 운동을 하니까 몸이 가벼워서 좋아요. I exercise often these days, so I feel light and good.

- **기대를 하다** to have expectations
  민수 씨는 어렸을 때부터 공부를 잘해서 부모님이 기대를 많이 하셨어요.
  Minsu's parents had high expectations for him because he was good at studying from a young age.

- **몸이 약하다** to be weak
  어렸을 때 몸이 약해서 자주 병원에 입원했어요. I was weak when I was young, so I was often hospitalized.

2 안내 방송의 내용 이해하기 Understanding the content of announcements

【토픽I 26번 문제 A】

> **전략 strategy**
> - 안내 방송의 내용을 구체적으로 잘 이해해야 한다. You need to understand the specific details of the announcement.
> - 안내 방송에 자주 나오는 단어를 알아야 한다. You need to know the words that frequently appear in announcements.

※ [25~26] 다음을 듣고 물음에 답하십시오.   🔊 Track 90

26. 들은 내용과 같은 것을 고르십시오. (4점)

① 화장실은 건물 밖에 있습니다.
② 화장실에서 담배를 피워도 됩니다.
③ 담배를 피우려면 건물 밖으로 나가야 합니다.
④ 건물 안에 담배를 피울 수 있는 곳이 있습니다.

풀이 explanation

① 화장실은 건물 안에 있습니다.
② 화장실에서 담배를 피우면 안 됩니다.
③ 담배를 피우려면 건물 밖으로 나가야 합니다.
④ 건물 밖에 담배를 피울 수 있는 곳이 있습니다.

| 주요 표현 |
- 안내
- 건물
- 담배를 피우다
- 벌금

① The restroom is inside the building.
② You cannot smoke in the restroom.
③ To smoke, you must go outside the building.
④ There is a designated smoking area outside the building.

| Key expressions |
- announcement
- building
- to smoke
- fine

정답 answer ③

【토픽I 26번 문제 B】

- 안내 방송의 내용을 구체적으로 잘 이해해야 한다. You need to understand the specific details of the announcement.
- 안내 방송에 자주 나오는 단어를 알아야 한다. You need to know the words that frequently appear in announcements.

※ [25~26] 다음을 듣고 물음에 답하십시오.　　　　　　　　　　　　　Track 91

26. 들은 내용과 같은 것을 고르십시오. (4점)

① 이 기차는 부산에서 출발합니다.
② 이 기차에서 음식을 먹을 수 없습니다.
③ 이 기차를 타면 대전에서 내릴 수 있습니다.
④ 이 기차는 서울에서 부산까지 3시간 30분 걸립니다.

풀이 explanation

① 이 기차는 서울에서 출발합니다.
② 이 기차에 식당칸이 있어서 음식을 먹을 수 있습니다.
③ 이 기차를 타면 대전에서 내릴 수 있습니다.
④ 이 기차는 서울에서 부산까지 2시간 30분 걸립니다.

| 주요 표현 |
- 승객
- 출발
- 열차
- 도착

① This train departs from Seoul.
② This train has a dining car, so you can eat.
③ You can get off at Daejeon if you take this train.
④ This train takes 2 hours and 30 minutes from Seoul to Busan.

| Key expressions |
- passenger
- departure
- train
- arrival

정답 answer ③

☑ 주요 표현 Key expressions   🔊 Track 92

- **안내** announcement
  한국은 아파트에서 자주 안내 방송을 한다. In Korea, announcements are frequently made in apartment buildings.

- **건물** building
  오늘부터 우리 건물의 유리 청소를 합니다. We will be cleaning the windows of our building starting today.

- **담배를 피우다** to smoke
  요즘 담배를 피우는 학생들이 많아서 문제가 되고 있다.
  The increasing number of students smoking these days is becoming a problem.

- **벌금** fine
  나는 지난주에 과속운전을 해서 벌금을 냈다. I got a fine last week for speeding.

- **승객** passenger
  설날에는 고향으로 가는 승객들이 많아서 서울역이 복잡하다.
  Seoul Station is crowded during the Lunar New Year holiday because there are many passengers going to their hometowns.

- **출발** departure
  일본에 갈 때는 김포 공항에서 출발하는 비행기를 타는 것이 더 편해요.
  When going to Japan, it's more convenient to take a flight departing from Gimpo Airport.

- **열차** train
  지금 열차가 들어오고 있습니다. 승객 여러분께서는 안전선 밖에서 기다려 주시기 바랍니다.
  The train is now arriving. Passengers, please wait behind the safety line.

- **도착** arrival
  제가 지금 출발하니까 한 시간쯤 후에 도착할 거예요. I'm leaving now, so I'll arrive in about an hour.

유형3 표현 익히기 | Type3 Learning expressions Track 93

문제 번호	어휘	영어	중국어	일본어	베트남어
17	휴가	vacation	放假	休み	sự nghỉ phép
	여행	travel	旅行	旅行	du lịch
	푹	deeply	酣	深いさま	một cách ngon lành
	쉬다	to rest	休息	休む	nghỉ ngơi
	지각하다	to be late	迟到	遅刻する	đến muộn
	늦잠을 자다	to sleep late	睡懒觉	寝坊する	ngủ dậy muộn
	늦게	late	晚	遅く	muộn
	일어나다	to wake up	起床	起きる	thức dậy
	힘들다	to be difficult	辛苦	つらい	khó khăn
18	요리하다	to cook	做饭	料理する	nấu ăn
	귀찮다	to be troublesome	麻烦	面倒くさい	phiền phức
	거의	almost	几乎	ほとんど	hầu như
	돈이 들다	to cost money	花钱	お金がかかる	tốn tiền
	처음	first time	第一次	初めて	lần đầu
	자주	often	经常	よく	thường xuyên
	제일	most	最	一番	nhất
	맛있다	to be delicious	好吃	美味しい	ngon
	맵다	to be spicy	辣	辛い	cay
19	영화	movie	电影	映画	phim
	편의점	convenience store	便利店	コンビニ	cửa hàng tiện lợi
	표	ticket	票	チケット	vé
	예매하다	to book in advance	预订	予約する	đặt trước (vé)
	수업	class	上课	授業	tiết học
	끝나다	to end	结束	終わる	kết thúc
	약속	appointment	约定	約束	hẹn
	시간이 있다	to have time	有时间	時間がある	có thời gian
20	졸업하다	to graduate	毕业	卒業する	tốt nghiệp
	취직하다	to get a job	就业	就職する	xin việc
	전공하다	to major in	主修；专攻	専攻する	theo học chuyên ngành

문제 번호	어휘	영어	중국어	일본어	베트남어
	입학하다	to enter	入学	入学する	nhập học
	다니다	to attend	上（学）；去	通う	thường xuyên lui tới (đi học, đi làm)
	유학	studying abroad	留学	留学	du học
	준비	preparation	准备	準備	chuẩn bị
	가르치다	to teach	教	教える	dạy học
21	점심	lunch	午饭	昼ごはん	bữa trưa
	예약하다	to make a reservation	预约	予約する	đặt trước
	창가	window seat	窗边	窓際	cạnh cửa sổ
	가능하다	to be possible	可能	可能だ	có thể
	기차표	train ticket	火车票	汽車の切符	vé tàu
	매진	sold out	售罄	売り切れ	hết vé
	동아리	club	社团	クラブ	câu lạc bộ
	선배	senior	前辈	先輩	tiền bối
28	결정하다	to decide	决定	決める	quyết định
	편하다	to be convenient	方便	楽だ	thoải mái
	직접	directly	直接	直接	trực tiếp
	비교하다	to compare	比较	比べる	so sánh
	매장	store	店铺	店舗	cửa hàng
	복습	review	复习	復習	ôn tập
	별로	not really	不怎么样	別に	không hay
	도움이 되다	to be helpful	有帮助	役に立つ	có ích
	동료	colleague	同事	同僚	đồng nghiệp
	소개	introduce	介绍	紹介	giới thiệu
	사귀다	to make friends	交往	付き合う	kết bạn
30	취직	getting a job	就业	就職	xin việc
	그만두다	to quit	放弃	やめる	dừng lại
	반대하다	to oppose	反对	反対する	phản đối
	꿈	dream	梦想	夢	ước mơ
	포기하다	to give up	放弃	諦める	từ bỏ

유형3 표현 익히기 | Type3 Learning expressions

문제 번호	어휘	영어	중국어	일본어	베트남어
	전국	nationwide	全国	全国	toàn quốc
	빨리	quickly	快	速く	nhanh
	몸이 가볍다	to feel light	身体轻盈	体が軽い	cơ thể nhẹ nhàng
	기대를 하다	to have expectations	期待	期待する	mong đợi
	몸이 약하다	to be weak	身体虚弱	体が弱い	cơ thể yếu
26	안내	announcement	指南	案内	hướng dẫn
	건물	building	建筑物	建物	tòa nhà
	담배를 피우다	to smoke	抽烟	タバコを吸う	hút thuốc
	벌금	fine	罚款	罰金	tiền phạt
	승객	passenger	乘客	乗客	hành khách
	출발	departure	出发	出発	khởi hành
	열차	train	列车	列車	tàu hỏa
	도착하다	to arrival	到达	到着する	đến nơi

Appendix

1. 듣기 지문 번역 Listening Passage Translations
2. 표현 색인 Expression index
3. OMR 답안지 작성법 How to fill out the OMR answer sheet

듣기 지문 번역 Listening Passage Translations

【유형 1】 대답하기 Type 1 Responding

1 '네/아니요'로 대답하기 Answering with 'Yes/No'

1. **A** 남자: 회사원이에요?
   여자: _____

   B 남자 : 교과서예요?
   여자: _____

2. **A** 여자: 한국 친구가 있어요?
   남자: _____

   B 여자: 커피를 마셔요?
   남자: _____

1. **A** M: Are you an office worker?
   W: _____

   B M: Is it a textbook?
   W: _____

2. **A** W: Do you have a Korean friend?
   M: _____

   B W: Do you drink coffee?
   M: _____

2 의문사 질문에 대답하기 Answering questions with interrogative words

3. **A** 남자: 이게 무엇이에요?
   여자: _____

   B 남자: 누구하고 백화점에 가요?
   여자: _____

4. **A** 여자: 무슨 운동을 좋아해요?
   남자: _____

   B 여자: 왜 백화점에 갔어요?
   남자: _____

3. **A** M: What is this?
   W: _____

   B M: Who are you going to the department store with?
   W: _____

4. **A** W: What sport do you like?
   M: _____

   B W: Why did you go to the department store?
   M: _____

3 대화 완성하기 Completing conversations

5. Ⓐ 남자: 죄송해요.
　　여자: _____

M: I'm sorry.
W: _____

　Ⓑ 남자: 맛있게 드세요.
　　여자: _____

M: Enjoy your meal.
W: _____

6. Ⓐ 여자: 이리로 오세요.
　　남자: _____

W: Come this way.
M: _____

　Ⓑ 여자: 연필 좀 빌려주세요.
　　남자: _____

W: Can I borrow a pencil, please?
M: _____

【유형 2】 전체 내용 이해하기 Type 2 Understanding the overall content

1 장소 찾기 Finding the location

7. Ⓐ 남자: 뭘 드릴까요?
　　여자: 부모님께 드릴 화장품을 사려고 하는데요.

M: What can I help you with?
W: I'm looking to buy cosmetics for my parents.

　Ⓑ 남자: 장미꽃 10송이 주세요.
　　여자: 네. 잠깐만 기다리세요.

M: Please give me 10 roses.
W: Okay. Please wait a moment.

8. Ⓐ 여자: 한 곡만 더 부르고 갈까요?
　　남자: 네. 좋아요.

W: Shall we sing one more song before we go?
M: Yes, that sounds good.

　Ⓑ 여자: 영화를 보러 온 사람이 많네요.
　　남자: 요즘 이 영화가 아주 인기가 있어요.

W: There are a lot of people here to watch the movie.
M: This movie is very popular these days.

9. **A** 남자: 소설책은 어디에 있어요?
여자: 저쪽에 있어요.

B 남자: 뭘 사러 왔어요?
여자: 공책하고 연필을 사러 왔어요.

10. **A** 여자: 어디가 아프세요?
남자: 어제부터 열이 많이 나요.

B 여자: 돈을 바꾸러 왔어요.
남자: 어느 나라 돈으로 바꿀 거예요?

M: Where are the novels?
W: They are over there.

M: What did you come to buy?
W: I came to buy a notebook and pencils.

W: Where does it hurt?
M: I've had a high fever since yesterday.

W: I'm here to exchange money.
M: What currency do you want to exchange it for?

2 화제 찾기 Finding the topic

11. **A** 남자: 무슨 일을 하세요?
여자: 저는 회사원이에요.

B 남자: 어느 나라 사람이에요?
여자: 중국 사람이에요.

12. **A** 여자: 생일이 언제예요?
남자: 7월 16일이에요.

B 여자: 오늘 학교에 안 가요?
남자: 네. 오늘은 한글날이어서 수업이 없어요.

13. **A** 남자: 저는 영화를 좋아해요. 수미 씨는요?
여자: 저는 수영을 좋아해요.

B 남자: 부산에서 뭐 했어요?
여자: 바다를 구경했어요. 맛있는 음식도 많이 먹고요.

M: What do you do?
W: I'm an office worker.

M: What country are you from?
W: I'm from China.

W: When is your birthday?
M: It's July 16th.

W: Aren't you going to school today?
M: No, there are no classes today because it's Hangeul Day.

M: I like movies. How about you, Sumi?
W: I like swimming.

M: What did you do in Busan?
W: I saw the ocean. I also ate a lot of delicious food.

14.

A
여자: 구름이 많네요.
남자: 네. 오후에 비가 올 것 같아요.

W: It's cloudy.
M: Yes. It looks like it's going to rain in the afternoon.

B
여자: 한국은 지금 겨울이에요.
남자: 여기는 여름이에요.

W: It's winter in Korea now.
M: It's summer here.

27.

A
남자: 한국 음식이 입에 맞아요?
여자: 네. 특히 비빔밥이 정말 맛있어요.
남자: 비빔밥은 건강에 좋아요. 그래서 저도 자주 먹어요.
여자: 맞아요. 고기도 있고 채소도 있으니까요.
남자: 그리고 간단하게 먹을 수도 있고요. 리에 씨는 집에서도 비빔밥을 만들어 먹어요?
여자: 비빔밥은 여러 가지 재료를 준비해야 하니까 시간이 좀 걸려요. 그래서 보통 식당에서 많이 먹어요.

M: Does Korean food suit your taste?
W: Yes, especially bibimbap is really delicious.
M: Bibimbap is good for your health. That's why I eat it often too.
W: That's right. It has meat and vegetables.
M: And it's easy to eat. Do you make bibimbap at home, Rie?
W: Bibimbap takes some time because you have to prepare various ingredients. So I usually eat it at restaurants.

B
남자: 인주 병원입니다.
여자: 병원 예약을 하려고 하는데요.
남자: 어디가 불편하세요?
여자: 열이 나고 머리가 많이 아파요. 오늘 오후에 예약이 가능해요?
남자: 오늘 오후는 이미 예약이 끝났어요. 내일 오전 10시에 오시겠어요?
여자: 머리가 많이 아픈데 좀 더 빨리 진료를 받을 수는 없을까요?

M: This is Inju Hospital.
W: I'd like to make a hospital appointment.
M: What seems to be the problem?
W: I have a fever and a bad headache. Is it possible to make an appointment this afternoon?
M: Appointments for this afternoon are already full. Can you come tomorrow morning at 10 o'clock?
W: I have a bad headache. Can't I see a doctor a little sooner?

3 알맞은 그림 찾기 Finding the correct picture

15.

A
남자: 아이스크림이 어디에 있어요?
여자: 음료수 옆에 있는 냉장고에 있어요.

M: Where is the ice cream?
W: It's in the refrigerator next to the drinks.

B
여자: 짧은 치마가 있어요?
남자: 여기 있습니다.

W: Do you have short skirts?
M: Here it is.

16.
A
여자: 어느 역에서 내려요?
남자: 시청역에서 내려요. 다음 역이에요.

W: Which station are we getting off at?
M: We're getting off at City Hall Station. It's the next stop.

B
여자: 비행기가 도착했어요?
남자: 아직요. 30분 후에 도착할 거예요.

W: Has the plane arrived?
M: Not yet. It will arrive in 30 minutes.

4 중심 생각 찾기 Finding the main idea

22.
A
여자: 마이클 씨는 정말 한국말을 잘하네요. 어떻게 공부해요?
남자: 저는 수업이 끝나면 도서관에서 혼자 공부해요.
여자: 저는 반 친구들과 같이 공부해요. 혼자 공부하는 것보다 재미있고 좋아요.
남자: 그래요? 저도 같이 공부할 수 있어요?

W: Michael, you speak Korean really well. How do you study?
M: I study alone at the library after class.
W: I study with my classmates. It's more fun and better than studying alone.
M: Really? Can I study with you too?

B
여자: 민철 씨, 6시인데 퇴근을 안 해요?
남자: 네. 일이 많아서 지금 퇴근할 수 없어요.
여자: 그래도 너무 야근을 많이 하면 건강에 안 좋아요. 오늘은 좀 쉬세요.
남자: 저도 쉬고 싶은데 오늘까지 이 일을 다 해야 해요.

W: Mincheol, it's 6 o'clock, aren't you leaving work?
M: No, I can't leave work now because I have a lot of work.
W: But if you work too much overtime, it's not good for your health. Get some rest today.
M: I want to rest too, but I have to finish this work by today.

23.
A
여자 : 약을 다 드셨어요?
남자 : 네. 그래도 머리가 계속 아파요.
여자 : 이렇게 낫지 않으면 병원에 가는 것이 좋을 것 같아요.
남자 : 그래서 오늘 병원을 예약했어요.

W: Did you take all your medicine?
M: Yes, but my head still hurts.
W: If it doesn't get better like this, it would be good to go to the hospital.
M: That's why I made a hospital appointment today.

B
여자 : 어디가 아프세요?
남자 : 목이 아프고 열이 나요.
여자 : 봅시다… 감기인 것 같아요. 따뜻한 물을 많이 드시고 쉬는 것이 좋아요. 약도 꼭 드시고요.
남자 : 네. 감사합니다.

W: Where does it hurt?
M: My throat hurts and I have a fever.
W: Let's see… It seems like a cold. It's good to drink plenty of warm water and rest. Be sure to take your medicine too.
M: Okay, thank you.

24.
A
남자: 친구들과 여행을 가요?
여자: 아니요. 저는 혼자 가는 여행을 좋아해요.
남자: 혼자 여행을 가면 재미없지 않아요?
여자: 아니요. 여행을 다니면서 조용히 혼자 생각할 시간을 가질 수 있어서 좋아요.

B
남자: 어제 세일을 해서 구두를 두 켤레 샀어요.
여자: 구두를 자주 신어요?
남자: 아니요. 그런데 싸게 팔아서 샀어요.
여자: 값이 싸도 필요 없는 것은 안 사는 게 좋지요.

M: Are you going on a trip with your friends?
W: No, I like traveling alone.
M: Isn't it boring to travel alone?
W: No, I like being able to have quiet time to think while traveling.

M: I bought two pairs of shoes yesterday because they were on sale.
W: Do you wear shoes often?
M: No, but I bought them because they were cheap.
W: It's better not to buy things you don't need, even if they're cheap.

25.
A
여자: (딩동댕) 주민 여러분 안녕하십니까? 모두가 행복한 아파트 생활을 위하여 안내 말씀드립니다. 첫째, 저녁 9시 이후에는 세탁기를 사용하지 마십시오. 둘째, 집에서 아이들이 뛰지 않게 해 주십시오. 셋째, 베란다와 화장실에서 담배를 피우지 마십시오. 우리 모두 조금씩 조심하면 즐겁게 생활할 수 있습니다. 감사합니다. (딩동댕)

B
여자: (딩동댕) 승객 여러분께 안내 말씀드립니다. 우리 비행기는 방금 인천 공항에 도착했습니다. 비행기가 완전히 멈출 때까지 자리에 앉아서 기다려 주시기 바랍니다. 잊으신 물건이 없는지 다시 한번 확인해 주시기 바랍니다. 그럼 가시는 목적지까지 안녕히 가십시오. 감사합니다. (딩동댕)

W: (Ding Dong Dang) Hello, residents. For a happy apartment life for everyone, here's an announcement. First, please do not use the washing machine after 9 p.m. Second, please prevent children from running inside the house. Third, please do not smoke on the balcony or in the bathroom. We can all live happily if we are a little careful. Thank you. (Ding Dong Dang)

W: (Ding Dong Dang) We have an announcement for our passengers. Our plane has just arrived at Incheon Airport. Please remain seated and wait until the plane comes to a complete stop. Please check again to make sure you haven't forgotten any belongings. We wish you a safe journey to your destination. Thank you. (Ding Dong Dang)

29.

A

여자: 외국인 말하기 대회에서 1등 하신 것을 축하합니다. 왕웨이 씨는 언제 한국에 오셨어요?

남자: 제가 한국에 온 지 벌써 2년이 되었네요.

여자: 한국말을 정말 잘하시네요. 왜 한국말을 배우신 거예요?

남자: 대학교 때 중국으로 유학을 온 한국 친구들을 사귀었어요. 저는 한국이라는 나라를 잘 몰랐는데 한국 친구를 만나면서 한국에 관심이 생겼어요.

여자: 특히 무엇에 관심이 많았어요?

남자: 한국 문화요. 한국 문화를 좀 더 깊이 있게 공부하고 싶어졌어요. 그래서 대학교에서 한국어 공부를 시작했어요.

W: Congratulations on winning first place in the Foreigner Speaking Contest. When did you come to Korea, Wang Wei?

M: It's already been 2 years since I came to Korea.

W: Your Korean is really good. Why did you learn Korean?

M: I made Korean friends when they came to study in China during my university days. I didn't know much about Korea, but after meeting my Korean friends, I became interested in Korea.

W: What were you particularly interested in?

M: Korean culture. I wanted to study Korean culture more deeply. So I started studying Korean at university.

B

여자: 김민수 씨, 반갑습니다. 요즘 영화가 아주 인기가 많습니다.

남자: 네. 많은 분들이 사랑해 주셔서 기분이 너무 좋습니다.

여자: 김민수 씨는 어떻게 영화배우가 되셨어요?

남자: 어렸을 때 우리 집 앞에 극장이 있었어요. 아버지가 그 극장에서 일하셔서 거의 날마다 극장에 가서 영화를 봤어요.

여자: 극장이 김민수 씨의 놀이터였네요. 언제 영화배우가 되고 싶다는 생각을 했어요?

남자: 중학교 때였어요. 영화를 보는데 영화배우가 너무 멋있는 거예요. 그때부터 영화배우가 되고 싶다는 꿈을 꾸게 되었어요.

W: Nice to meet you, Mr. Kim Minsu. Your movie is very popular these days.

M: Yes, I'm so happy that many people love it.

W: How did you become an actor, Mr. Kim Minsu?

M: When I was young, there was a theater in front of our house. My father worked there, so I went to the theater and watched movies almost every day.

W: So the theater was your playground, Mr. Kim Minsu. When did you start thinking about becoming an actor?

M: It was in middle school. I was watching a movie and the actor was so cool. From then on, I started dreaming of becoming an actor.

【유형 3】 세부 내용 이해하기 Type 3 Understanding specific details

1 대화의 내용 이해하기 Understanding the content of the conversation

17. **A**
여자: 민수 씨, 휴가 때 뭘 했어요?
남자: 친구들과 같이 제주도에 여행을 갔어요. 수미 씨는요?
여자: 저는 집에서 푹 쉬었어요.

W: Minsu, what did you do during your vacation?
M: I went on a trip to Jeju Island with my friends. How about you, Sumi?
W: I rested comfortably at home.

B
여자: 민수 씨, 오늘 왜 지각했어요?
남자: 오늘 아침에 늦잠을 잤어요. 알람 소리를 못 들어서 늦게 일어났어요.
여자: 요즘 일이 많아서 힘들지요?

W: Minsu, why were you late today?
M: I overslept this morning. I didn't hear the alarm and woke up late.
W: It's tough with a lot of work these days, right?

18. **A**
여자: 요리를 정말 잘하네요. 보통 이렇게 집에서 음식을 만들어요?
남자: 주말에는 자주 요리해요. 저는 요리를 좋아해요.
여자: 저는 귀찮아서 거의 사 먹어요.
남자: 집에서 요리하면 돈도 많이 안 들어서 좋아요.

W: You're really good at cooking. Do you usually cook at home like this?
M: I often cook on weekends. I like cooking.
W: I rarely cook because it's a hassle. I usually eat out.
M: Cooking at home is good because it doesn't cost much.

B
남자: 저는 이 식당에 처음 왔어요. 수미 씨는 자주 와요?
여자: 저는 이 식당 음식이 맛있어서 자주 와요.
남자: 무슨 음식이 제일 맛있어요?
여자: 닭갈비가 맵지 않고 맛있어요.

M: This is my first time at this restaurant. Do you come here often, Sumi?
W: I come here often because the food is delicious.
M: What food is the most delicious?
W: Dakgalbi is not spicy and delicious.

19. **A**
남자: 이번 토요일에 영화 보러 갈래요?
여자: 오전에는 편의점에서 아르바이트를 해요. 오후는 괜찮아요.
남자: 그럼 오후 2시에 극장 앞에서 만나요. 표는 제가 예매할게요.
여자: 네. 좋아요. 영화 보고 저녁도 같이 먹어요.

M: Do you want to go see a movie this Saturday?
W: I have a part-time job at a convenience store in the morning. The afternoon is okay.
M: Then let's meet in front of the theater at 2 p.m. I'll book the tickets.
W: Okay, sounds good. Let's have dinner together after the movie.

	남자: 오늘 수업이 끝나고 한강 공원에 갈래요?	M: Do you want to go to Han River Park after class today?
B	여자: 죄송해요. 오늘 오후에 친구와 약속이 있어요.	W: Sorry, I have an appointment with a friend this afternoon.
	남자: 그래요? 날씨가 좋아서 공원에 가고 싶었어요.	M: Really? I wanted to go to the park because the weather is nice.
	여자: 내일은 어때요? 내일은 시간이 있어요.	W: How about tomorrow? I'm free tomorrow.

20.	여자: 대학교를 졸업하고 무엇을 하고 싶어요?	W: What do you want to do after graduating from university?
A	남자: 한국 회사에 취직하고 싶어요. 수미 씨는요?	M: I want to get a job at a Korean company. How about you, Sumi?
	여자: 저는 대학원에 가고 싶어요. 경영학을 전공하고 싶어요.	W: I want to go to graduate school. I want to major in business administration.
	남자: 대학원에 입학하기가 어렵지 않아요?	M: Isn't it difficult to get into graduate school?

	여자: 왕웨이 씨, 왜 한국말을 배워요?	W: Wang Wei, why are you learning Korean?
B	남자: 한국에서 대학교를 다니고 싶어요. 컴퓨터 공학을 전공하고 싶어요.	M: I want to attend a university in Korea. I want to major in computer engineering.
	여자: 저는 중국에 유학 가고 싶어서 준비하고 있어요. 그래서 중국말도 배우고 있어요.	W: I'm preparing to study abroad in China. So I'm also learning Chinese.
	남자: 그래요? 제가 중국말을 가르쳐 드릴게요.	M: Really? I'll teach you Chinese.

21.	남자: 여보세요. 행복 식당이지요? 이번 주 토요일 점심을 예약하고 싶은데요.	M: Hello. Is this 'Happiness Restaurant'? I'd like to make a reservation for lunch this Saturday.
A	여자: 몇 명이세요?	W: How many people?
	남자: 모두 5명입니다. 창가 자리로 예약할 수 있어요?	M: Five in total. Can I reserve a table by the window?
	여자: 네. 가능합니다. 이름과 전화번호를 말씀해 주세요.	W: Yes, you can. Please tell me your name and phone number.

	남자: 수미 씨, 부산에 가는 기차표를 예매했어요?	M: Sumi, did you book the train tickets to Busan?
B	여자: 기차표가 매진이어서 버스표를 예매했어요.	W: The train tickets were sold out, so I booked bus tickets.
	남자: 그래요? 누구하고 같이 가요?	M: Really? Who are you going with?
	여자: 대학교 때 동아리 선배들하고 같이 가요.	W: I'm going with my senior club members from university.

28. **A**
남자: 어디 가세요?
여자: 동생이 다음 달에 고등학교를 졸업해서 졸업 선물을 사러 가요.
남자: 무엇을 살지 결정했어요?
여자: 요즘 대학생들이 많이 쓰는 컴퓨터를 사려고요.
남자: 컴퓨터는 온라인 쇼핑으로 사는 게 싸요. 저는 보통 온라인으로 물건을 사는데 편하고 싸서 좋아요.
여자: 그런데 저는 직접 비교해 보고 사는 게 좋아서 컴퓨터 매장에서 사려고요.

B
남자: 리카 씨는 한국어 공부를 어떻게 해요?
여자: 전 수업이 끝나면 항상 복습을 해요.
남자: 저는 수업이 끝나면 바로 회사에 가니까 복습할 시간이 없어요.
여자: 전 한국 드라마도 자주 봐요. 드라마를 보면 한국어 공부에 정말 도움이 돼요.
남자: 저는 드라마를 별로 좋아하지 않아요. 동료에게 한국 친구를 소개해 달라고 해야겠어요.
여자: 한국 친구를 사귀는 것도 좋은 방법이에요.

30. **A**
여자: 김민수 작가님의 새로 나온 책이 인기가 많습니다. 작가님은 회사원이었다고요?
남자: 네. 맞습니다. 저는 사실 대학교 때 경영학을 전공했어요. 졸업한 후에 무역회사에 취직했어요.
여자: 그럼, 회사를 그만두고 글을 쓰기 시작한 거예요?
남자: 처음에는 회사에 다니면서 소설을 썼어요. 그런데 두 가지를 함께 하는 것이 너무 힘들어서 작년에 회사를 그만두었어요.
여자: 가족들이 반대하지 않았어요?
남자: 가족들과 친구들이 모두 반대했어요. 그렇지만 어렸을 때부터 제 꿈인 소설가를 포기할 수가 없었어요.

M: Where are you going?
W: My younger brother is graduating from high school next month, so I'm going to buy him a graduation gift.
M: Have you decided what to buy?
W: I'm thinking of buying a computer that many university students use these days.
M: It's cheaper to buy computers online. I usually shop online because it's convenient and cheap.
W: But I like to compare things in person, so I'm going to buy it at a computer store.

M: How do you study Korean, Rika?
W: I always review after class.
M: I go straight to work after class, so I don't have time to review.
W: I also watch Korean dramas often. Watching dramas really helps with my Korean studies.
M: I don't really like dramas. I should ask my colleague to introduce me to a Korean friend.
W: Making Korean friends is also a good way.

W: The new book by author Kim Minsu is very popular. I heard you were an office worker?
M: Yes, that's right. I actually majored in business administration in college. After graduating, I got a job at a trading company.
W: So you quit your job and started writing?
M: At first, I wrote novels while working at the company. But it was too hard to do both, so I quit my job last year.
W: Didn't your family object?
M: My family and friends were all against it. But I couldn't give up on my childhood dream of becoming a novelist.

| B | 여자: 전국 수영대회에서 1등을 하신 것을 축하합니다. 기분이 어떠세요?
남자: 정말 좋습니다.
여자: 오늘은 출발도 아주 좋았어요. 제일 빨리 출발하셨지요?
남자: 네. 오늘 아침에 몸이 가볍고 컨디션도 좋아서 조금 기대를 했습니다. 그런데 1등을 할 줄은 몰랐어요.
여자: 수영은 어떻게 시작하게 되셨어요?
남자: 어렸을 때 몸이 약해서 어머니가 운동을 많이 시키셨어요. 다른 운동은 하기 싫었는데 수영은 정말 재미있었어요. | W: Congratulations on winning first place in the National Swimming Competition. How do you feel?
M: I feel really good.
W: Your start was great today too. You were the first one off the blocks, right?
M: Yes. I felt light and in good condition this morning, so I had some expectations. But I didn't think I would win first place.
W: How did you start swimming?
M: I was weak when I was young, so my mother made me exercise a lot. I didn't want to do other sports, but swimming was really fun. |

2 안내 방송의 내용 이해하기 Understanding the content of announcements

26.

| A | 여자: (딩동댕) 잠시 안내 말씀드리겠습니다. 우리 건물에서는 담배를 피울 수 없습니다. 화장실에서도 담배를 피우면 안 됩니다. 건물 안에서 담배를 피우면 벌금을 내야 합니다. 건물 밖에 담배를 피울 수 있는 장소가 있습니다. 담배를 피우실 분은 건물 밖으로 나가서 담배를 피우시기 바랍니다. 감사합니다. (딩동댕) | W: (Ding Dong Dang) We have a brief announcement. Smoking is not allowed in our building. You cannot smoke even in the restrooms. If you smoke inside the building, you will be fined. There is a designated smoking area outside the building. If you want to smoke, please go outside the building. Thank you. (Ding Dong Dang) |
| B | 여자: (딩동댕) 승객 여러분, 안녕하십니까? 이 기차는 서울역을 출발하여 대전, 동대구를 지나 부산까지 가는 열차입니다. 2시에 서울역을 출발하여 3시 대전역, 3시 50분에 동대구역, 4시 30분에 부산역에 도착할 예정입니다. 8호차는 식당차입니다. 간단한 식사와 음료가 준비되어 있으니까 이용하시기 바랍니다. 감사합니다. (딩동댕) | W: (Ding Dong Dang) Attention passengers. This train is departing from Seoul Station and will pass through Daejeon and Dongdaegu on its way to Busan. It is scheduled to depart Seoul Station at 2 o'clock, arrive at Daejeon Station at 3 o'clock, Dongdaegu Station at 3:50, and Busan Station at 4:30. Car number 8 is the dining car. Light meals and drinks are available, so please feel free to use it. Thank you. (Ding Dong Dang) |

부록 2 표현 색인 Expression index

표현	영어	중국어	일본어	베트남어
1등	first place	第一名	1等	hạng 1
가게	store	商店	店	cửa hàng
가능하다	to be possible	可能	可能だ	có thể
가르치다	to teach	教	教える	dạy học
가방	bag	包	バック	cặp, túi
가볍다	to be light	轻	軽い	nhẹ
가수	singer	歌手	歌手	ca sĩ
가을	autumn	秋天	秋	mùa thu
가족	family	家人	家族	gia đình
갈아타다	to transfer	换乘	乗り換える	chuyển (tàu/xe)
감기에 걸리다	to catch a cold	感冒	風邪を引く	bị cảm lạnh
감사합니다	Thank you	谢谢	ありがとうございます	cảm ơn (trang trọng)
갑자기	suddenly	突然	突然	đột nhiên
거기	there	那里	そこ	ở đó
거의	almost	几乎	ほとんど	hầu như
건강	health	健康	健康	sức khỏe
건물	building	建筑物	建物	tòa nhà
겨울	winter	冬天	冬	mùa đông
결정하다	to decide	决定	決める	quyết định
계절	season	季节	季節	mùa
계획	plan	计划	計画	kế hoạch
고맙다	to be thankful	谢谢	ありがたい	cảm ơn
고모	paternal aunt	姑姑	叔母（父方の）	cô/bác (em gái/chị gái của bố)
고민하다	to be worry	烦恼	悩む	lo lắng
고향	hometown	家乡	故郷	quê hương
곡	song	歌曲	曲	bài hát
공부	study	学习	勉強	học tập

표현	영어	중국어	일본어	베트남어
공연	performance	演出	公演	buổi biểu diễn
공원	park	公园	公園	công viên
공책	notebook	笔记本	ノート	vở
공항	airport	机场	空港	sân bay
과일	fruit	水果	果物	trái cây
과일 가게	fruit store	水果店	果物屋	cửa hàng trái cây
괜찮다	It's okay	没关系	大丈夫だ	ổn
교과서	textbook	教科书	教科書	sách giáo khoa
교실	classroom	教室	教室	lớp học
교통	transportation	交通	交通	giao thông
교환하다	to exchange	换货	交換する	trao đổi
구경거리	attraction	景点	見物	thứ đáng để xem
구두	shoes	皮鞋	靴	giày
국적	nationality	国籍	国籍	quốc tịch
귀찮다	to be troublesome	麻烦	面倒くさい	phiền phức
규칙적	regular	规律	規則正しい	đều đặn
그림을 그리다	to draw pictures	画画	絵を描く	vẽ tranh
그만두다	to quit	停止	やめる	dừng lại
극장	theater	剧院	劇場	rạp chiếu phim
금요일	Friday	星期五	金曜日	thứ sáu
급하다	to be urgent	急	急だ	khẩn cấp
기대를 하다	to have expectations	期待	期待する	mong đợi
기쁘다	to be happy	高兴	嬉しい	vui mừng
기숙사	dormitory	宿舍	寮	ký túc xá
기차	train	火车	汽車	tàu hỏa
기차표	train ticket	火车票	汽車の切符	vé tàu
기침을 하다	to cough	咳嗽	咳をする	ho
꽃	flower	花	花	hoa
꽃집	flower shop	花店	花屋	cửa hàng hoa
꿈	dream	梦想	夢	ước mơ
끄다	to turn off	关掉	消す	tắt

표현	영어	중국어	일본어	베트남어
끝나다	to end	结束	終わる	kết thúc
나무	tree	树	木	cây
나쁘다	to be bad	不好	悪い	xấu, tệ
나이	age	年龄	年齢	tuổi
날씨	weather	天气	天気	thời tiết
날짜	date	日期	日付	ngày tháng
낫다	to recover	痊愈	治る	khỏi bệnh
내리다	to get off	下	降ろす	xuống xe
냉장고	refrigerator	冰箱	冷蔵庫	tủ lạnh
노래방	song	歌	歌	bài hát
농구	basketball	篮球	バスケットボール	bóng rổ
누구	who	谁	誰	ai
눈이 오다	to be snowy	下雪	雪が降る	tuyết rơi
늦게	late	晚	遅く	muộn
늦잠을 자다	to sleep late	睡懒觉	寝坊する	ngủ dậy muộn
다니다	to attend	上（学）	通う	thường xuyên lui tới (đi học, đi làm)
다치다	to get hurt	受伤	ケガをする	bị thương
닫다	to close	关	閉める	đóng
담배를 피우다	to smoke	抽烟	タバコを吸う	hút thuốc
대회	contest	大会	大会	đại hội
덥다	to be hot	热	暑い	nóng
도서관	library	图书馆	図書館	thư viện
도움이 되다	to be helpful	有帮助	役に立つ	có ích
도착하다	to arrive	到达	到着する	đến nơi
돈을 바꾸다	to exchange money	换钱	お金を両替する	đổi tiền
돈이 들다	to cost money	花钱	お金がかかる	tốn tiền
동료	colleague	同事	同僚	đồng nghiệp
동생	younger sibling	弟弟/妹妹	弟／妹	em
동아리	club	社团	クラブ	câu lạc bộ
뒤	back	后面	後ろ	phía sau

표현	영어	중국어	일본어	베트남어
듣다	to listen	听	聴く	nghe
따뜻하다	to be warm	暖和	暖かい	ấm áp
딸기	strawberry	草莓	いちご	dâu tây
마시다	to drink	喝	飲む	uống
만나다	to meet	见面	会う	gặp gỡ
만나서 반갑습니다	Nice to meet you	很高兴见到你	お会いできて嬉しいです	Rất vui được gặp bạn
많다	to be many	多	多い	nhiều
많이 드세요	Eat a lot	请多吃点	たくさん召し上がってください	Ăn nhiều nhé
맛있게 드세요	Enjoy your meal	请慢用	どうぞ召し上がりください	Chúc ngon miệng
맛있다	to be delicious	好吃	美味しい	ngon
매장	store	店铺	店舗	cửa hàng
매진	sold out	售罄	売り切れ	hết vé
맵다	to be spicy	辣	辛い	cay
먹다	to eat	吃	食べる	ăn
몇	how many	几个	何	mấy
몸이 가볍다	to feel light	身体轻盈	体が軽い	cơ thể nhẹ nhàng
몸이 약하다	to be weak	身体虚弱	体が弱い	cơ thể yếu
무겁다	to be heavy	重	重い	nặng
무슨	what kind of	什么样的	何の	gì, cái gì
무엇	what	什么	何	cái gì
문구점	stationery store	文具店	文房具店	cửa hàng văn phòng phẩm
미안하다	to be sorry	对不起	すまない	xin lỗi (không trang trọng)
미용실	hair salon	美发店	美容室	tiệm làm tóc
바꾸다	to change	更换	変える	thay đổi
바람이 불다	to be windy	刮风	風が吹く	gió thổi
바쁘다	to be busy	忙	忙しい	bận rộn
바지	pants	裤子	ズボン	quần

표현	영어	중국어	일본어	베트남어
박물관	museum	博物馆	博物館	bảo tàng
밖	outside	外面	外	bên ngoài
반갑다	to be pleased to do	很高兴见到你	嬉しい	Hân hạnh
반대하다	to oppose	反对	反対する	phản đối
반바지	shorts	短裤	ハーフパンツ	quần đùi
방학	vacation	放假	休み	kỳ nghỉ
백화점	department store	百货商店	デパート	trung tâm thương mại
버스	bus	公共汽车	バス	xe buýt
_번	__ number	__路	__番	số __
벌금	fine	罚款	罰金	tiền phạt
별로	not really	不怎么样	別に	không hay
병원	hospital	医院	病院	bệnh viện
복습	review	复习	復習	ôn tập
복잡하다	to be crowded	复杂	複雑だ	phức tạp
봄	spring	春天	春	mùa xuân
부모님	parents	父母	両親	bố mẹ
부치다	to check in	寄	送る	gửi (thư/bưu phẩm)
부탁하다	to request	请求；拜托	頼む	nhờ vả
분	minute	分钟	分	phút
비가 오다	to be rainy	下雨	雨が降る	trời mưa
비교하다	to compare	比较	比べる	so sánh
비빔밥	bibimbap	拌饭	ビビンバ	bibimbap (cơm trộn hàn quốc)
비싸다	to be expensive	贵	高い	đắt
비행기	plane	飞机	飛行機	máy bay
빌려주다	to lend	借给	貸す	cho mượn
빠르다	to be fast	快	速い	nhanh
빨래방	laundromat	洗衣房	コインランドリー	tiệm giặt ủi
빨리	quickly	快	速く	nhanh
빵집	bakery	面包店	パン屋	tiệm bánh

표현	영어	중국어	일본어	베트남어
사과	apple	苹果	りんご	táo
사귀다	to make friends	交往	付き合う	kết bạn
사다	to buy	买	買う	mua
사람	person	人	人	người
사전	dictionary	词典	辞書	từ điển
사진	a moment	照片	写真	ảnh
산책하다	to take a walk	散步	散歩する	đi dạo
삼촌	uncle	叔叔	叔父	chú (anh em trai của bố mẹ)
상을 받다	to receive an award	得奖	賞をもらう	nhận giải thưởng
생일	birthday	生日	誕生日	sinh nhật
서점	bookstore	书店	本屋	nhà sách
선물	present	礼物	プレゼント	quà tặng
선배	senior	前辈	先輩	tiền bối
선생님	teacher	老师	先生	giáo viên
세우다	to make	制定	立てる	lập
세탁기	washing machine	洗衣机	洗濯機	máy giặt
소개	introduce	介绍	紹介	giới thiệu
소설책	novel	小说	小説	tiểu thuyết
소포	parcel	包裹	小包	bưu kiện
소화제	digestive medicine	消化药	消化剤	thuốc tiêu hóa
손님	customer	顾客	お客さん	khách
쇼핑	shopping	购物	ショッピング	mua sắm
수업	class	上课	授業	tiết học
수영	swimming	游泳	水泳	bơi lội
숙제	homework	作业	宿題	bài tập về nhà
쉬다	to rest	休息	休む	nghỉ ngơi
승객	passenger	乘客	乗客	hành khách
시	hour	小时	時	giờ
시간	time	时间	時間	thời gian
시간이 있다	to have time	有时间	時間がある	có thời gian

표현	영어	중국어	일본어	베트남어
시끄럽다	to be noisy	吵闹	うるさい	ồn ào
시장	market	市场	市場	chợ
시험	exam	考试	試験	bài thi
시험을 보다	to take an exam	考试	試験を受ける	làm bài kiểm tra
식당	restaurant	餐厅	食堂	nhà hàng
식사	meal	吃饭	食事	bữa ăn
신발	shoes	鞋子	靴	giày
신청하다	to apply	申请	申し込む	đăng ký
싫어하다	to dislike	讨厌	嫌いだ	ghét
싸다	to be cheap	便宜	安い	rẻ
싸다	to pack	打包	包む	đóng gói
아래	below	下面	下	bên dưới
아버지	father	父亲	父	bố/cha
아침	morning	早上	朝	buổi sáng
아파트	apartment	公寓	アパート	chung cư
아프다	to be sick	疼	痛い	ốm
안	inside	里面	中	bên trong
안내	announcement	指南	案内	hướng dẫn
안녕히 가세요	Goodbye (to the person leaving)	再见（对晚辈或将要离开的人说）	さようなら（立ち去る人へ）	Tạm biệt (nói với người đi)
안녕히 계세요	Goodbye (to the person staying)	再见（对长辈或离开的人说）	さようなら（その場にとどまる人へ）	Tạm biệt (nói với người ở lại)
앞	front	前面	前	phía trước
야구	baseball	棒球	野球	bóng chày
야근	work overtime	加班	残業	làm thêm giờ
약국	pharmacy	药店	薬局	hiệu thuốc
약속	appointment	约定	約束	hẹn
어디	where	哪里	どこ	ở đâu
어떻게	how	怎么样	どうやって	như thế nào, bằng cách nào
어머니	mother	母亲	母	mẹ
어울리다	to look good on	合适	似合う	phù hợp

표현	영어	중국어	일본어	베트남어
언니	older sister	姐姐	姉	chị gái
언제	when	什么时候	いつ	khi nào
얼마나	how much/long	多久/多长/多大	どれくらい	bao lâu, bao nhiêu
없다	to not have	没有	いない／ない	không có
여기	here	这里	ここ	ở đây
여름	summer	夏天	夏	mùa hè
여행	travel	旅行	旅行	du lịch
여행사	travel agency	旅行社	旅行会社	công ty du lịch
역	station	车站	駅	ga
역사책	history book	历史书	歴史書	sách lịch sử
역할	role	角色	役	vai diễn
연기상	acting award	演技奖	演技賞	giải thưởng diễn xuất
연기하다	to act	表演	演技する	diễn xuất
연필	pencil	铅笔	鉛筆	bút chì
열이 나다	to have a fever	发烧	熱が出る	bị sốt
열차	train	列车	列車	tàu hỏa
염색하다	to dye	染色	染める	nhuộm (tóc)
영양제	nutritional supplements	营养剂	栄養剤	thuốc bổ
영화	movie	电影	映画	phim
옆	next to	旁边	横	bên cạnh
예매하다	to book in advance	预订	予約する	đặt trước (vé)
예약하다	to make a reservation	预约	予約する	đặt trước
예정	scheduled	预定	予定	dự định
오랜만이다	Long time no see	好久不见	お久しぶりです	Lâu rồi không gặp
오빠	older brother	哥哥	兄	anh trai
옷	clothes	衣服	服	quần áo
옷 가게	clothing store	服装店	洋服屋	cửa hàng quần áo
왜	why	为什么	なぜ	tại sao
외롭다	to be lonely	孤独	寂しい	cô đơn

표현	영어	중국어	일본어	베트남어
요리하다	to cook	做饭	料理する	nấu ăn
요일	day of the week	星期	曜日	thứ (trong tuần)
우체국	post office	邮局	郵便局	bưu điện
운동	exercise	运动	運動	vận động
운동장	playground	运动场	運動場	sân vận động
운전	driving	驾驶	運転	lái xe
위	top	上面	上	bên trên
위치	location	位置	位置	vị trí
유학	studying abroad	留学	留学	du học
은행	bank	银行	銀行	ngân hàng
은행원	bank teller	银行职员	銀行員	nhân viên ngân hàng
음료수	beverage	饮料	飲み物	nước ngọt
음식	food	食物	食べ物	thức ăn
음악	music	音乐	音楽	âm nhạc
이름	name	名字	名前	tên
이모	maternal aunt	姨妈	叔母（母方の）	dì/bác (em gái/chị gái của mẹ)
이해하다	to understand	理解	理解する	hiểu
인기가 있다	to be popular	受欢迎	人気がある	được yêu thích
일기	diary	日记	日記	nhật ký
일어나다	to wake up	起床	起きる	thức dậy
일하다	to work	工作	働く	làm việc
읽다	to read	读	読む	đọc
입학하다	to enter	入学	入学する	nhập học
있다	to have	有	いる／ある	có
자르다	to cut	剪	切る	cắt
자리	seat	座位	席	chỗ ngồi
자주	often	经常	よく	thường xuyên
작다	to be small	小	小さい	nhỏ, bé
잘 먹었습니다	I ate well	我吃饱了	ごちそうさまでした	Tôi đã ăn ngon miệng lắm (sau khi ăn)

표현	영어	중국어	일본어	베트남어
잘 있어요	Take care	再见（对同辈或平辈说）	元気でね	Tạm biệt (không trang trọng)
잠깐만 기다리세요	Please wait	请稍等	少々お待ちください	Xin vui lòng đợi một chút
장미꽃	rose	玫瑰花	バラ	hoa hồng
장소	place	场所	場所	địa điểm
재미있다	to be fun	有趣	面白い	thú vị, hay
저기	over there	那边	あそこ	ở đằng kia
적다	to be few	少	少ない	ít
전공하다	to major in	主修；专攻	専攻する	theo học chuyên ngành
전국	nationwide	全国	全国	toàn quốc
전시회	exhibition	展览会	展示会	triển lãm
점심	lunch	午饭	昼ごはん	bữa trưa
정류장	bus stop	车站	停留所	trạm dừng xe buýt
제일	most	最	一番	nhất
조심하다	to be careful	小心	気をつける	cẩn thận
조용하다	to be quiet	安静	静かだ	yên tĩnh
졸업하다	to graduate	毕业	卒業する	tốt nghiệp
좋다	to be good	好	良い	tốt, hay
좋아하다	to like	喜欢	好きだ	thích
죄송하다	to be sorry	对不起	申し訳ない	xin lỗi
주말	weekend	周末	週末	cuối tuần
주민	resident	居民	住民	cư dân
주차장	parking lot	停车场	駐車場	bãi đậu xe
준비	preparation	准备	準備	chuẩn bị
지각하다	to be late	迟到	遅刻する	đến muộn
지우개	eraser	橡皮	消しゴム	cục tẩy
지하철	subway	地铁	地下鉄	tàu điện ngầm
직업	occupation	职业	職業	nghề nghiệp
직접	directly	直接	直接	trực tiếp
짐	luggage	行李	荷物	hành lý

표현	영어	중국어	일본어	베트남어
짧다	to be short	短	短い	ngắn
찍다	to take pictures	照	撮る	chụp ảnh
창가	window seat	窗边	窓際	cạnh cửa sổ
창문	window	窗户	窓	cửa sổ
처음	first time	第一次	初めて	lần đầu
처음 뵙겠습니다	How do you do?	初次见面	初めまして	Rất hân hạnh được gặp bạn (lần đầu)
청소하다	to clean	打扫	掃除する	dọn dẹp
체육관	gym	体育馆	体育館	nhà thi đấu, phòng tập thể dục
축구	soccer	足球	サッカー	bóng đá
축하하다	to congratulate	祝贺	祝う	chúc mừng
출구	exit	出口	出口	lối ra
출근하다	to go to work	上班	出勤する	đi làm
출발	departure	出发	出発	khởi hành
춤을 추다	to dance	跳舞	ダンスを踊る	nhảy múa
춥다	to be cold	冷	寒い	lạnh
취미	hobby	爱好	趣味	sở thích
취직	getting a job	就业	就職	xin việc
취직하다	to get a job	就业	就職する	xin việc
치마	skirt	裙子	スカート	váy
친구	friend	朋友	友達	bạn bè
친척	relatives	亲戚	親戚	họ hàng
콧물이 나다	to have a runny nose	流鼻涕	鼻水が出る	chảy nước mũi
크다	to be big	大	大きい	to, lớn
타다	to ride	坐/乘	乗る	lên/đi (xe)
택시	taxi	出租车	タクシー	taxi
통장	bank account	存折	通帳	sổ ngân hàng
퇴근하다	to leave work	下班	退勤する	tan làm
편의점	convenience store	便利店	コンビニ	cửa hàng tiện lợi
편하다	to be convenient	方便	楽だ	tiện lợi

표현	영어	중국어	일본어	베트남어
포기하다	to give up	放弃	諦める	từ bỏ
포장하다	to wrap	包装	包装する	đóng gói
표	ticket	票	チケット	vé
푹	deeply	酣	深いさま	một cách ngon lành
피곤하다	to be tired	疲倦	疲れている	mệt mỏi
필통	pencil case	笔袋	筆箱	hộp bút
학교	school	学校	学校	trường học
학생	student	学生	学生	học sinh
학생회관	student union building	学生会馆	学生会館	hội quán sinh viên
한국말	Korean	韩语	韓国語	tiếng hàn
할인하다	to give a discount	打折	割引する	giảm giá
해열제	fever reducer	退烧药	解熱剤	thuốc hạ sốt
행사	event	活动	行事	sự kiện
_호선	__ line	__号线	__号線	tuyến số __
호수	lake	湖	湖	hồ nước
_호차	__ car	__号车厢	__号車	toa số __
혼자	alone	独自	一人	một mình
화장품	cosmetics	化妆品	化粧品	mỹ phẩm
환불하다	to refund	退款	払い戻す	hoàn tiền
회사	company	公司	会社	công ty
회사원	office worker	公司职员	会社員	nhân viên công ty
회의	meeting	会议	会議	cuộc họp
회의 중	in a meeting	开会中	会議中	đang họp
휴가	vacation	放假	休み	sự nghỉ phép
휴일	holiday	假日	休日	ngày nghỉ
힘들다	to be difficult	辛苦	つらい	khó khăn

부록

3 OMR 답안지 작성법 How to fill out the OMR answer sheet

PBT 토픽 시험은 OMR 답안지에 답을 체크해야 한다. OMR 답안지를 받으면 먼저 성명을 한국어와 영어로 쓰고 수험표에 나와 있는 대로 수험 번호를 기재하고 각 번호를 알맞은 칸에 표시한다. 문제를 풀고 각 번호의 답에 맞게 체크한다.

The PBT TOPIK requires you to mark your answers on an OMR answer sheet. When you receive the OMR answer sheet, first write your name in both Korean and English, then fill in your examinee number as it appears on your admission ticket, marking each number in the appropriate box. After solving the problems, mark the correct answer for each question number.

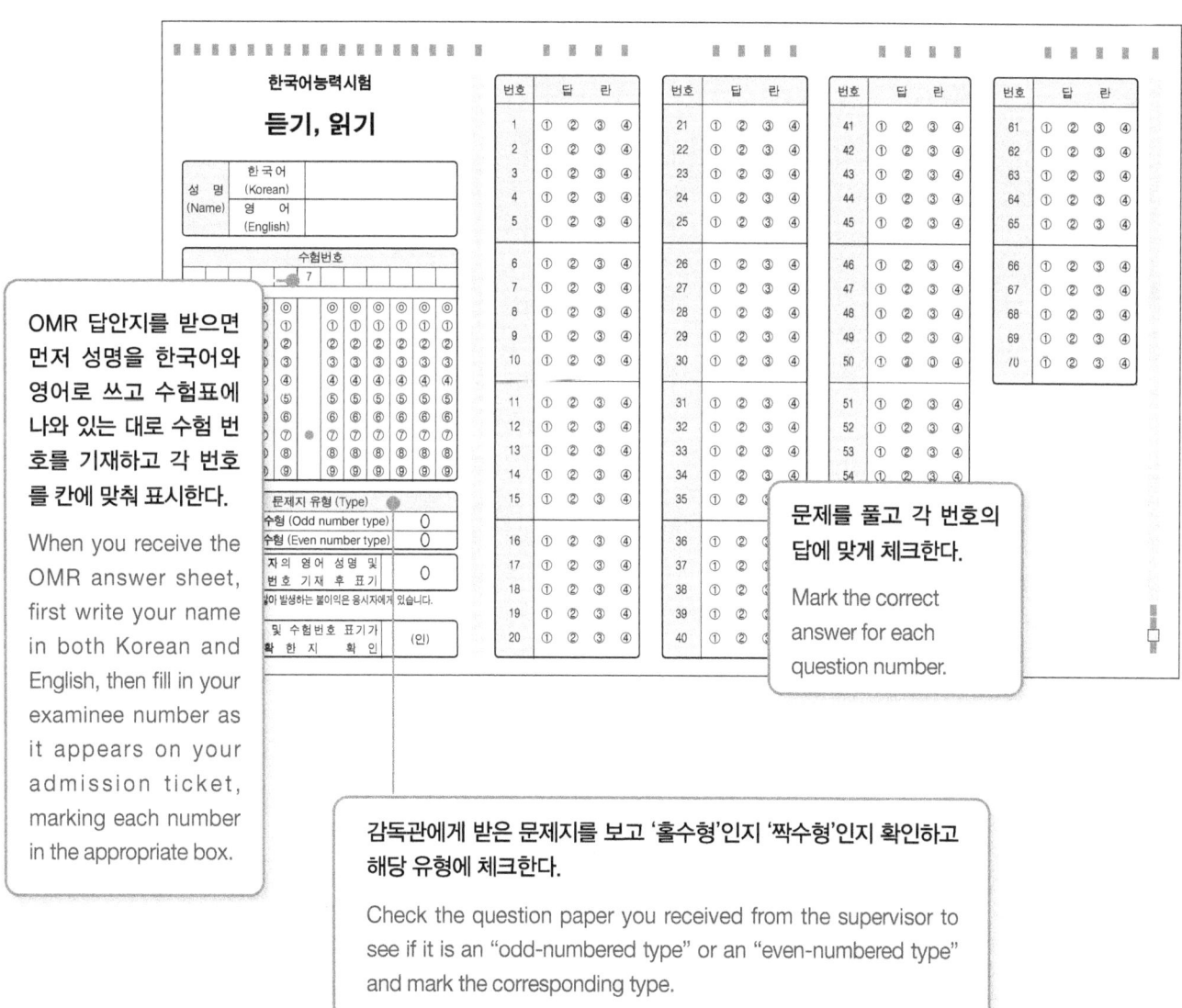

OMR 답안지를 받으면 먼저 성명을 한국어와 영어로 쓰고 수험표에 나와 있는 대로 수험 번호를 기재하고 각 번호를 칸에 맞춰 표시한다.

When you receive the OMR answer sheet, first write your name in both Korean and English, then fill in your examinee number as it appears on your admission ticket, marking each number in the appropriate box.

문제를 풀고 각 번호의 답에 맞게 체크한다.

Mark the correct answer for each question number.

감독관에게 받은 문제지를 보고 '홀수형'인지 '짝수형'인지 확인하고 해당 유형에 체크한다.

Check the question paper you received from the supervisor to see if it is an "odd-numbered type" or an "even-numbered type" and mark the corresponding type.

부록 175

MEMO

부록

3 OMR 답안지 작성법 How to fill out the OMR answer sheet

PBT 토픽 시험은 OMR 답안지에 답을 체크해야 한다. OMR 답안지를 받으면 먼저 성명을 한국어와 영어로 쓰고 수험표에 나와 있는 대로 수험 번호를 기재하고 각 번호를 알맞은 칸에 표시한다. 문제를 풀고 각 번호의 답에 맞게 체크한다.

The PBT TOPIK requires you to mark your answers on an OMR answer sheet. When you receive the OMR answer sheet, first write your name in both Korean and English, then fill in your examinee number as it appears on your admission ticket, marking each number in the appropriate box. After solving the problems, mark the correct answer for each question number.

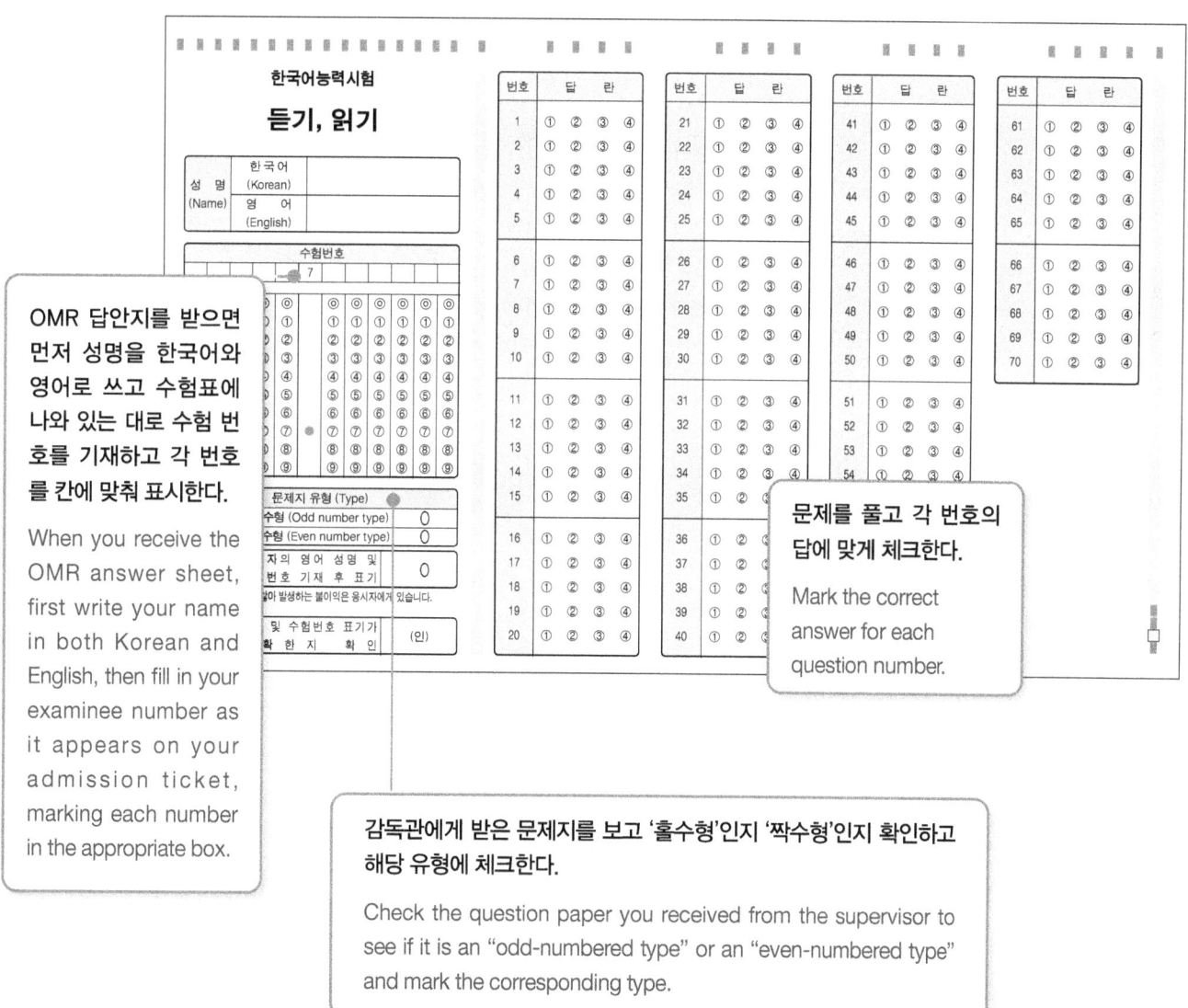

OMR 답안지를 받으면 먼저 성명을 한국어와 영어로 쓰고 수험표에 나와 있는 대로 수험 번호를 기재하고 각 번호를 칸에 맞춰 표시한다.

When you receive the OMR answer sheet, first write your name in both Korean and English, then fill in your examinee number as it appears on your admission ticket, marking each number in the appropriate box.

문제를 풀고 각 번호의 답에 맞게 체크한다.

Mark the correct answer for each question number.

감독관에게 받은 문제지를 보고 '홀수형'인지 '짝수형'인지 확인하고 해당 유형에 체크한다.

Check the question paper you received from the supervisor to see if it is an "odd-numbered type" or an "even-numbered type" and mark the corresponding type.

부록 175

MEMO